Cousteau-Umweltlesebuch 7:
Seid Sand im Getriebe

Herausgegeben von
JACQUES-YVES COUSTEAU
und den Mitarbeitern der
Cousteau-Society

Klett-Cotta

Verlagsgemeinschaft Ernst Klett Verlag –
J. G. Cotta'sche Buchhandlung
Aus dem Amerikanischen übersetzt von Elke Martin
Für die deutsche Ausgabe bearbeitet von
Elke Martin und Hermann Feuersee

Die Originalausgabe erschien unter dem Titel
The Cousteau Almanac: An Inventory of Life on Our Water Planet
© 1980, 1981 by The Cousteau Society, Inc., New York

Über alle Rechte der deutschen Ausgabe verfügt
die Ernst Klett Verlage GmbH u. Co. KG, Stuttgart
Fotomechanische Wiedergabe nur mit Genehmigung des Verlages
Printed in Germany 1985
Umschlag: Hitz und Mahn, Stuttgart
Gesamtherstellung: Röck, Weinsberg

CIP-Kurztitelaufnahme der Deutschen Bibliothek

Cousteau-Umweltlesebuch / hrsg. von Jacques-Yves Cousteau
u. d. Mitarb. d. Cousteau-Society. [Aus d. Amerikan. übers.
von Elke Martin. Für d. dt. Ausg. bearb. von Elke Martin u.
Hermann Feuersee]. – Stuttgart: Klett-Cotta
Einheitssacht.: The Cousteau almanac ⟨dt.⟩
NE: Cousteau, Jacques-Yves [Hrsg.]; Martin, Elke [Bearb.]; EST
7. Seid Sand im Getriebe. – 1985.
ISBN 3-608-93021-3

Zur Erinnerung an
PHILIPPE COUSTEAU,
der als erster die Idee zu den
UMWELTLESEBÜCHERN
hatte und dessen Lebenswerk
durch die Tätigkeit der
Mitarbeiter der *Cousteau Society*
fortgesetzt wird.

Inhalt

Gute Mittel zum besseren Zweck 9

    So war es, so ist es 9
    Kandidaten 11
    Das Wurzelgeflecht 15
    Koalitionen 19
    Das schlug Wellen: Die Heilige Allianz von Belo Horizonte . 23
    Bis an die Grenze? Rechtsstreitigkeiten im Umweltschutz .. 24
    Vermittlung als Konzept amerikanischer Umweltschützer .. 26
    Eine neue Generation von Werbefachleuten 28
    Zurück zur Einfachheit. 32
    „Ecotage" 35
    Das schlug Wellen: Mit den Waffen der energischen
    Gewaltlosigkeit 40
    Europa und Amerika: Unterschiede im Stil 54
    Das schlug Wellen: Das Beispiel Boehringer 58

Organisiert euch! 64

    Jammert nicht, tut 'was! 64
    Es geht los. 64
    Das Aufspüren der Tatsachen 70
    Was Tatsachen bewirken. 75
    Mit Spenden den Kampf finanzieren 77
    Die Bündnisbildung 80

Die Naturgesetze der Menschen 86

    Ein Gesetz für das Meer 88
    Die heißesten Fragen im internationalen Umweltschutz-
    geschäft 97
    Gesetze zum Umweltschutz rund um die Welt 106
    Verordnungen über Tiere 108
    Das schlug Wellen: Der mutige Richter von Otranto 111
    Den Dingen auf den Grund gehen. 114
    Der Tellico-Damm 123

Kommunikation 129

    Der Vorstoß in die Zeitung 130
    Pseudo- und andere Ereignisse 134
    Schriftlicher Protest 137
    Wie sag' ich's meinem Nächsten? 141
    Anzeigen retten einen Canyon 148
    Die Kunst der Imagepflege 151
    Die Strategie der Delphine 156

An wen kann man sich wenden? 158

Mitarbeiter/-innen dieses Bandes 164

Register 165

Gute Mittel zum besseren Zweck

So war es, so ist es

Es begann mit dem Klicken der Photoapparate und dem Sirren der Kameras. Blitzlichter und Scheinwerfer tauchten die Ehrengäste in strahlendes Licht und zeigten sie bei ihren seltsamen Tätigkeiten: wie sie sich zu einem Teach-in versammeln, wie sie eine Gerichtsverhandlung gegen einen Umweltsünder spielen, wie sie Autos symbolisch bestatten und Brot aus Vollkornmehl backen. Die Reporter füllten die Seiten ihrer Stenoblöcke mit Nachrichten über die Demonstrationen und die Inhalte. Es war der Tag der pädagogischen Belehrungen, der ironischen Bemerkungen und leidenschaftlichen Sorge. Vor allem war es auch ein Tag der Symbole. Und es passierte etwas Erstaunliches: Millionen von Menschen glaubten, daß neben dem Lärm und dem Wirbel etwas unerhört Wichtiges geschah. „Und genau das ist es auch", bestätigte Walter Cronkite. „Es ist der 22. April 1970, der Tag der Erde."

Es wäre vielleicht übertrieben zu sagen, daß die Medien der amerikanischen Umweltschutzbewegung zu einem glücklichen Start verhalfen. Viele der Organisationen, die den „Tag der Erde" erst ermöglichten, hatten schon Jahre zuvor ihre Arbeit aufgenommen. Am Ende der sechziger Jahre waren viele Gruppen bereits in Kämpfe verstrickt, um aus den ökologischen Forderungen Gesetze und Verhaltensweisen abzuleiten. Gleichwohl war der 22. April 1970 ein einschneidendes Datum, denn es bezeichnet die Dämmerung eines neuen ökologischen Bewußtseins für Millionen von Amerikanern. Teilweise läßt sich dieses erwachende Bewußtsein an den Meinungsumfragen ablesen. Während noch 1965 nur 35 Prozent der Amerikaner der Meinung waren, Wasserverschmutzung sei ein ernstzunehmendes Problem in ihrem Lebensbereich, fanden das 1970 schon 74 Prozent. Waren 1965 nur 35 Prozent der Befragten bereit, für Umweltverschmutzungskontrollen zu bezahlen, so erklärten 1971 weit über 50 Prozent, daß sie eine Steuererhöhung für diesen Zweck unterstützen würden. Einer der Meinungsforscher sagte: „Das Erstaunlichste an diesem Wandel der öffentlichen Meinung ist die beispiellose Geschwindigkeit und der Druck, mit dem sich die Öko-Themen ins Bewußtsein der Amerikaner katapultiert haben. In nur wenigen Jahren schoß die Sorge um die Umwelt von Null auf hohe Prozentzahlen."

Durch diese Wege der öffentlichen Unterstützung wurden die frühen siebziger Jahre für Amerika das Goldene Zeitalter der Umweltschutzbewegung. Neue Gesetze zur Reinhaltung der Luft, des Wassers, zum Schutz der wilden Tiere wurden ebenso erlassen wie das Nationale Umweltschutzgesetz sowie weitere Bestimmungen auf kommunaler Ebene. Umweltschutzorganisationen verzeichneten einen regen Zulauf und alle Politiker führten das Wort Umweltschutz im Munde. Europa begrüßte diese neue Umweltethik, die aus Amerika herüberdrang, aber hier reagierte der politische Apparat weitaus schwerfälliger. Im Unterschied zu den Vereinigten Staaten waren die meisten Europäer auch seit langer Zeit daran gewöhnt, mit einem begrenzten Ressourcen-Vorrat umzugehen.

Zum Ende der siebziger Jahre jedoch nahm die Kraft der Umweltschützer wieder etwas ab. Der erste Elan war verbraucht, viele der kleineren Gruppen lösten sich auf. In den größeren Gruppierungen gab es immer mehr Karteileichen. Einige Interessengruppen, die zunächst von der politischen Hartnäckigkeit der Umweltschützer irritiert worden waren, besannen sich auf ihre Taktiken und holten zur Gegenoffensive aus. Einige taten so, als seien sie um unsere Umwelt besorgt, während sie gleichzeitig mehr und mehr Gelder in Projekte pumpten, die die Umweltschutzbestimmungen umgingen. Sie hatten durchaus einige Erfolge zu verzeichnen. Die beiden Gesetze, die zu Anfang des Jahrzehnts noch wahre Freudentaumel ausgelöst hatten – das Gesetz zur Reinhaltung des Wassers und das Gesetz zur Reinhaltung der Luft –, wurden nun durch zusätzliche Bestimmungen so entschärft, daß ihre positiven Auswirkungen dahin waren. SST-Kampfflugzeuge, seit 1971 aufgrund unablässiger Kampagnen der Umweltschützer nicht mehr gestartet, flogen jetzt wieder von einigen amerikanischen Militärflughäfen. Zügellose Entwicklung auf dem Energiesektor beschäftigte nun die Gemüter der professionellen Politiker. Der Gedanke an den Umweltschutz trat für viele weit in den Hintergrund. Einige Beobachter fragten sich öffentlich, ob der Umweltschutz vielleicht eine Modewelle gewesen war, die jetzt ausgelebt und vorbeigerauscht war. Die Zyniker allerdings schrieben gleich einen Nachruf auf die ökologische Bewegung.

Aufgeschreckt durch die düsteren politischen Aussichten zogen die Umweltschützer Bilanz. Dabei kam etwas recht Erstaunliches zutage: Die Öffentlichkeit stand immer noch in großen Teilen hinter dem, was die Umweltschützer zu erreichen versucht hatten. Umfragen bestätigten dies. Das Wunder der öffentlichen Meinungsänderung am Anfang der siebziger Jahre hat sich zu einer soliden Unterstützung ausgeweitet.

Der hier vorliegende, der letzte Band der COUSTEAU-UMWELTLESEBÜCHER will mit verschiedenen Beispielen aufzeigen, wie und wo die Bürger dieses Planeten ihrer Überzeugung und ihrem Willen Ausdruck verleihen können. Ein Schwerpunkt wird dabei die Sphäre der Politik sein, denn wir gehen davon aus, daß sich auf diesem Gebiet einige der entscheidenden Kämpfe abspielen. Die politischen Auseinandersetzungen müssen von denjenigen gewonnen werden, die aktiv Verantwortung für die Umwelt übernehmen wollen. Ein Vergleich zwischen Europa und den Vereinigten Staaten zeigt die Gemeinsamkeiten und Besonderheiten des Kampfes auf den beiden Kontinenten. Außerdem werden einige ungewöhnliche Aktionen vorgestellt, die uns amüsieren und zugleich zu neuen Taten inspirieren können. Daneben werden die Strategien aufgezeigt, mit denen den politischen Realitäten der achtziger Jahre begegnet werden soll.

„Gute Mittel zum besseren Zweck" stellt eine Verschnaufpause dar – eine Gelegenheit zum Luftholen und Nachdenken über die Aktionen, Erfolge und Mißerfolge der vergangenen Jahre, und zum Vorausblicken auf die Erfordernisse der kommenden Jahre. Über die Jahre, die vor uns liegen, können wir heute nichts sagen, außer daß die Arbeit, die wir leisten müssen, sehr schwierig und von lebensentscheidender Bedeutung sein wird.   B.P.B.

Kandidaten

Etwa zwei Monate nach der Stadtratswahl in Paris im Jahre 1977 hatten die Einwohner von Paris die ungewöhnliche Gelegenheit, eine neuartige Radiosendung zu hören. „Grünfunk überträgt sein erstes öffentliches ökologisches Manifest..." tönte es aus dem Lautsprecher. Aus irgendeiner nicht näher bekannten Pariser Wohnung wurde von einem Privatsender die erste Übertragung von „Grünfunk" (Radio Verte) ausgestrahlt.

Die Sendung dauerte 37 Minuten. Zwischen Musik konnte man Kommentare prominenter Umweltschützer sowie jede Menge Statistik hören. Die Pariser, die das Glück hatten, diese Piratensendung aufzuschnappen, waren durchweg begeistert. Den französischen Grünen war ein guter Schachzug gelungen. Sie hatten ihre ökologische Botschaft über den Äther ausgestrahlt und zugleich das Rundfunkmonopol des französischen Staates gebrochen. Diese Sendung war sowohl ein politischer Sieg wie auch ein Politikum an sich.

Drei Tage später sollte die zweite Sendung über den Äther gehen. Die kam allerdings nie bei ihren Hörern an, weil ein Helikopter der Polizei über dem Haus stand und die Übertragung störte.

Bemerkenswert, daß sich der Staat bemühte, den Grünschnabel von Sender zu behindern. Offenbar war die Partei der Grünen eine politische Kraft geworden, die man nicht länger übersehen konnte. In der landesweiten Wahl des Jahres 1977 erreichten die Grünen in Frankreich immerhin 12 Prozent der Wählerstimmen.

Für oder gegen das System – drinnen oder draußen kämpfen?

Die Entscheidung der Grünen, sich den Wahlen zu stellen, markiert eine neue Strategie. Anstatt sich weiterhin auf die Stärke einer Bewegung zu verlassen, die von außen Druck auf die Mächtigen ausübt, soll nun die Teilhabe an der Macht und damit an den Entscheidungen erzielt werden. Das ist in vielerlei Hinsicht eine weniger radikale Strategie, die selbst unter den Anhängern viele Kritiker hat. Ein Umweltschützer formuliert seine Bedenken so: „Ist ein Umweltschützer erst einmal gewählt, so wird er oder sie unweigerlich in die Mühle der Interessengruppen und Lobbies geraten. So funktioniert das System einfach. Derselbe Umweltschützer wäre in seiner Arbeit sehr viel effektiver, wenn er weiterhin von außen Druck ausüben würde."

Andere Kritiker heben hervor, daß der parlamentarische Weg die Graswurzelanfänge der Bewegung untergraben wird. Der aktive AKW-Gegner Michael Lucas schreibt dazu: „Im Aufwind des Parlamentarismus wird ein großer Teil der Energie, der Phantasie und der politischen Arbeit, die ansonsten die Graswurzelbewegung stärken und ausweiten könnten, kanalisiert und zu Kampagnen zusammengeführt werden."

Trotz dieser Kritiken hat sich gerade in Europa ein großer Teil der Umweltschützer auf den parlamentarischen Weg gemacht.

Eine neue politische Philosophie

Die Öko-Parteien in Westeuropa haben die Umweltschutzbewegung dazu gebracht – manchmal gar dazu gezwungen –, ihr Interessenspektrum zu erweitern. Sie haben eine Art „Ökologik" entwickelt, derzufolge auch Probleme wie Arbeitslosigkeit, Gleichstellung der Frau, Regierungsorganisation und auswärtige Beziehungen neu überdacht werden. Die Ökologie-Partei in Großbritannien hat beispielsweise ein Manifest verabschiedet, in dem eine gemeindeinterne Verbrechenskontrolle, die Verringerung der Ausbeutung von Ressourcen in Ländern der Dritten Welt, die Aufsplitterung der Großindustrie in Kleinbetriebe, die Arbeitsplätze schaffen, sowie eine vorbeugende Gesundheitsfürsorge gefordert werden.

Diese neue Analyse der alten Situation in Europa hat die traditionellen Parteien aufgerüttelt, denn die festgelegten Definitionen und Werte europäischer Politik gerieten ins Wanken. Die Rechten taten die Grünen schnell als Spinner ab, aber unter den Linken fanden sich durchaus Sympathisanten für die Sache der Umweltschützer. Einige Anhänger der ökologischen Parteien suchen ihren Platz innerhalb der linken Bewegung, aber der beherrschende Impetus lautete, eine autonome politische Präsenz zu etablieren.

„Im ökologischen Kampf hat die Aufteilung in rechts und links viel von ihrer herkömmlichen Bedeutung verloren", erklärt Brice Lalonde, ein Führer der französischen Partei „Europe-Ecologie". „Genau deshalb definiert sich die ökologische Bewegung als autonom. Sie will nicht in die Fehler der Linken verfallen und dieselben Niederlagen erleiden ... Tatsache ist, daß die Parteien und auch die Gewerkschaften außerstande sind, den Problemen zu begegnen, die wir aufwerfen."

Die Hauptunterschiede zwischen den Umweltschützern und ihren Sympathisanten innerhalb der Linken liegen auf den Gebieten der Dezentralisation, der Kernkraft und des Wirtschaftswachstums. Die Kommunisten in verschiedenen europäischen Ländern sind für den Ausbau der Kernkraft-Technologie, einige Sozialisten haben ihre starre Haltung in dieser Frage zwar aufgegeben, beharren aber auf zentralistischer Staatskontrolle. Beide Gruppierungen vertreten einen traditionellen Standpunkt in bezug auf wirtschaftliches Wachstum, denn sie sehen in ihm den Schlüssel zur Schaffung von Arbeitsplätzen.

Der Grad der Popularität von Umweltschützern in einigen europäi-

Jacques Cousteau bei einer Wahlveranstaltung für die Grünen in Frankreich. *(The Cousteau Society)*

schen Ländern mag nicht so sehr dem eigenen Programm zugeschrieben werden als vielmehr dem Wunsch der Wähler, *gegen* die bestehenden Parteien zu votieren. Eine Umfrage der französischen Wochenzeitung *L'Express* ergab, daß 55 Prozent der Wähler den Kandidaten der Grünen gewählt hatten, weil sie die herkömmlichen Parteien nicht länger unterstützen wollten.

Die Grünen schlagen Wurzeln

Was immer auch die Gründe sein mögen, die die Wähler veranlassen, ihr Kreuz bei den Grünen zu machen – die Umweltschützer gewinnen ständig an Boden. Damit erschüttern sie die ohnehin instabile europäische Gemeinschaft. Die Führer der großen Parteien regieren oft nur noch mit einer knappen Mehrheit. Sie sind über den Zuwachs der grünen Macht ausgesprochen beunruhigt. Der *Daily Telegraph* nannte die ökologische Partei Großbritanniens „eine der am schnellsten wachsenden politischen Kräfte des Westens." Seit die Grünen 1983 mit 5,6 Prozent in den deutschen Bundestag eingezogen sind, kann man auch in unserem Staat nicht mehr an ihnen vorbeisehen. Auch auf Landesebene sind sie inzwischen parlamentarisch verankert: in Baden-Württemberg, Hamburg, Bremen, Berlin, Hessen und Nordrhein-Westfalen reden sie in den Ausschüssen und im Plenum ein Wörtchen mit.

Auch in den Vereinigten Staaten von Amerika ist inzwischen das Wahlfieber ausgebrochen, wenn auch bescheiden im Vergleich zu Europa. Der Umweltschützer Barry Commoner und andere Progressive haben die Bürgerpartei (Citizen Party) gegründet. Aber in einem Land, das so sehr dem Zwei-Parteien-System verpflichtet ist wie die USA, ist es fast aussichtslos, eine dritte Partei lancieren zu wollen. Kenner der Szene sagen, der Erfolg der Bürgerpartei hänge zum großen Teil davon ab, ob es gelingt, die wachsende Zahl der Anti-AKW-Anhänger für diese Partei zu gewinnen, denn dort sitzen die Aktivisten, die der Organisation der Partei fehlen. Bislang ist es nicht entschieden, ob sich die Anti-AKW-Bewegung von der Strategie der direkten Aktion löst und auf den Weg des Parlamentarismus einschwenkt.

Nicht nur die amerikanische Bewegung der Umweltschützer und AKW-Gegner befindet sich in diesem Dilemma. Auch in Europa fürchten viele, daß die Verluste, die die meisten kleineren Parteien bei großen Wahlen erleiden, dem Ruf der Umweltschützer schaden, und daß die traditionellen Parteien die Sache des Umweltschutzes mit in ihr Programm übernehmen und damit verwässern könnten. Wie auch immer sich die Ökologie-Parteien in der Zukunft entfalten werden, durch ihre bisherige Existenz haben sie schon jetzt eine ganz erhebliche Veränderung in der Weltpolitik erreicht: Durch die von ihnen eingeführte „Ökologik" hat die Politik eine neue – einige sagen revolutionäre – Dimension hinzugewonnen. Wie der Sprecher vom Pariser Grünfunk es formulierte: „Unser Ziel ist nicht, zu den vielen schon gesagten Worten noch weitere hinzuzufügen oder noch mehr Reden zu halten. Wir wollen die Menschen dazu bringen, etwas zu tun ... wir wollen, daß sie die ausgetretenen Pfade verlassen." B.P.B.

Das Wurzelgeflecht

Als William Hübner, der Sprecher der Lobby für eine Autobahn in Connecticut, vor dem regionalen Kongreß eine Rede halten mußte, strahlte er vor Freude darüber, einmal vor wohlwollendem Publikum zu sprechen.

„Dies ist die erste freundliche Runde, die ich in den letzten Monaten angetroffen habe", sagte er. Die meiste Zeit hatte er sich mit Umweltschützern herumgeschlagen, die den Plänen der großen Autobahnen kritisch gegenüberstanden.

Und dann sprudelte es aus ihm heraus: „Aber wenn es nötig wäre, würde ich auch hier mit 200 Arbeitern mit Schutzhelm und mit 200 Bürgern auftreten, die alle unser Autobahnprojekt unterstützen. In Connecticut haben wir nämlich ein Konzept entwickelt, mit dem wir die Umweltschützer schlagen können: Aktivität."

Hübners Strategie war es, wie er es nannte, „eine Parallele zum Programm der Opposition zu entwickeln" – in anderen Worten: zu organisieren.

Der Ursprung der Graswurzel

In der Politik der Vereinigten Staaten von Amerika ist es schon seit langem üblich, direkten Einfluß auszuüben. Wollten sich Interessenten für eine bestimmte Sache durchsetzen, dann nahmen sie sich ganz einfach einen Lobbyisten, erledigten einige gezielte Telefongespräche mit den entscheidenden Beamten oder übernahmen die Rechnungen für ein paar politische Kampagnen. Die Umweltschützer, die am Anfang der siebziger Jahre neu auf diesem Terrain waren und sich nicht nach den anerkannten Spielregeln bewegten, legten sich notgedrungen eine andere Strategie zu. Wie die Bürgerrechts- und Antikriegsgruppen vor ihnen erkannten sie, daß ihr politischer Impetus aus Graswurzelaktivitäten resultieren würde. Da die Gruppen zu der Zeit starken Zulauf hatten, konnten sie die Büros der Abgeordneten mit Briefen, Telefonanrufen oder auch mit Menschen absolut verstopfen. Unter günstigen sozialen Umständen wuchsen überall Umweltschutzgruppen und viele Politiker, die ja eine feine Nase für Trends haben, übernahmen mit beinahe patriotischem Eifer rasch Slogans und Forderungen aus dem Gebiet des Umweltschutzes.

Die Darstellung der Macht dieser Graswurzelbewegung überrumpelte die Industrie. Umweltschutzgesetze zur Reinhaltung von Luft und Wasser wurden in den USA verabschiedet, ohne daß die Lobbyisten der großen Unternehmen sie hätten aufhalten können.

In der Mitte der siebziger Jahre dann ließ das Engagement der Aktivisten nach, obwohl der Umweltschutz in der Sache immer noch genügend Anhänger fand. Mit den Aktivitäten schwand auch die politische Schlagkraft der Umweltschützer. Das gab den Lobbies die Chance, die von den Umweltschützern durchgesetzten Gesetze zu unterminieren.

Eine Bewegung wird gekauft

Unternehmen, die die Umweltkontrollmaßnahmen ablehnten, gewannen wieder an Boden, zum Teil durch eine Stärkung ihrer traditionellen Lobby-Tätigkeiten wie die finanzielle Zuwendung an politische Komitees, die Verstärkung des Lobbyisten-Personals, die Vergrößerung des Drucks auf die Gesetzgeber und den Ausbau der Public-Relations-Abteilungen. Aber gleichzeitig erkannten die Unternehmer auch die Zugkraft der Graswurzelbewegung und begannen, die für sie wertvollen Methoden zu übernehmen.

Die Pro-Autobahn-Lobby des William Hübner zum Beispiel hat ihre eigene Bürgerinitiative aufgebaut. Sie gaben Presseerklärungen heraus, entwarfen Redebeiträge für ihre führenden Mitglieder und arrangierten Kontakte zu den Medien, wenn sie ihre Demonstrationen gegen die Umweltschützer abhielten. Nach dem „Zwischenfall" im Kernkraftwerk Three Mile Island bei Harrisburg initiierte die Nuklear-Industrie eine ähnliche Bürgerinitiative.

In einem Handbuch, das kürzlich allen Stromversorgern in den USA zugestellt wurde, wird auf diese neue Taktik bezug genommen: „Die Energie-Industrie hat herausgefunden, daß positiv eingestellte Bürger oft wirkungsvollere Fürsprecher sind (als Betriebsangehörige). Der Ertrag für die Industrie aus der Unterstützung kleiner Initiativgruppen aktiver Bürger kann unverhältnismäßig hoch sein." Zu diesem Zweck werden „positiv eingestellte Bürgergruppen" von der Kernenergie-Industrie mit Geldspenden versorgt. Tatsächlich setzen sich viele dieser sogenannten Bürgerinitiativen aus Angestellten der Nuklear-Industrie zusammen.

Wieder andere Lobbyisten vertrauen auf den Einsatz teurer technischer Hilfsmittel wie computergeschriebene Briefe, Telegramme oder zahlreiche Telefonate, mit denen die entsprechenden Politiker von einer effektiven Umweltschutzpolitik abgebracht werden sollen.

Zurück zu den Wurzeln

Dies alles ist nicht ohne Einfluß auf die Umweltschutzbewegung geblieben – vor allem in der amerikanischen Hauptstadt. Die wechselnden politischen Machtverhältnisse haben viele Umweltschützer dazu veranlaßt, ihre Strategien noch einmal zu überdenken. Wenn überhaupt Einigkeit besteht, dann in dem Punkt, daß die Bewegung ihre Basis erneut mobilisieren muß. Die Verbindung zu den Wurzeln darf nicht gekappt werden. Auf diesen Aspekt wurde am zehnten „Tag der Erde" besonders hingewiesen.

Manche Umweltschützer vermuten, daß sich die Bewegung in den achtziger Jahren in Amerika von der Hauptstadt weg aufs Land und in kleinere Aktionseinheiten verschiebt, da die Washingtoner Gruppen zwar seit langem bestehen, aber genau dadurch auch eine gewisse Behäbigkeit entwickelt haben. Sie sind entweder nicht bereit oder nicht in der Lage, neue Taktiken oder Herangehensweisen auszuprobieren. Das aber ist auf regionaler wie auf nationaler Ebene nötig.

Organisation oder Inhalte?

Wenngleich auch über diesen Punkt Einigkeit besteht, so wird doch allerorten debattiert, welche Form die neuen Basisaktivitäten haben sollen. Einige Umweltschützer setzen sich nun dafür ein, daß die Basisarbeit Wählerstimmen gewinnen soll, indem Themen angesprochen werden, die die Leute direkt betreffen, die sich bislang selbst nie Umweltschützer genannt hätten. Jeder Einzelne soll ermutigt werden, aktiv mitzumachen.

„Die Umweltgruppen, die in den Siebzigern immer größer wurden, hatten ihren Schwerpunkt auf Basisarbeit gelegt. Sie haben an Themen gearbeitet, von denen die Menschen direkt betroffen waren und nicht an solchen Fragen, die zur Gemeinde keinen Bezug hatten." Diejenigen Umweltschutzfragen, die eine breite Anteilnahme auslösen, tragen zu einer Verbreiterung der Mitgliedschaft in den Umweltschutzgruppen und damit zu einer größeren politischen Schlagkraft bei.

Es gibt aber auch kritische Stimmen gegenüber der Taktik der direkten Betroffenheit. Die Kritiker meinen, daß durch die Aufspaltung in kleinere Einheiten die gemeinsame große Sache des Umweltschutzes aus den Augen verloren wird und die Organisation unnötig erschwert wird. „Ein Charakteristikum der Umweltschutzbewegung ist die zielorientierte, sachliche Herangehensweise" sagt ein Sprecher von *Freunde der Erde*. „Wir versuchen, all unsere Kampfkraft in die Veränderung der Sache zu legen und nicht in der

Organisation zu verpulvern. Unsere Fragen sind nicht dieselben, die normalerweise in Gemeindegruppen gestellt werden. Es ist immer noch nicht deutlich, welche Anliegen aus dem Umweltschutzbereich das Leben der Menschen tatsächlich beeinträchtigen." In der Tat ist es nicht schwer, die Folgen einer Wasserverschmutzung zu begreifen, wenn man direkt am Ufer des entsprechenden Sees oder Flusses lebt, aber die Veränderungen in der Ozonschicht und ihre Auswirkungen für unser Leben sind für die meisten Menschen doch ein recht abstraktes Problem.

Freunde der Erde in Amerika will nichts mit Gewalt verändern. Wo schon verschiedene Bürgerinitiativen bestehen, müssen nicht unbedingt noch neue dazukommen; wo Einzelne allein um eine Sache kämpfen, sollen sie weitermachen, wenn sie das für den richtigen Weg halten. Die Organisation möchte so flexibel sein, daß die verschiedensten Gruppierungen in ihr Platz finden und regionale mit nationalen Aktivitäten abgestimmt werden. „Die verschiedenen Gruppen könnten sich helfen und unterstützen, ohne daß jeder wieder bei Null anfangen muß."

Vermutlich wird es sich herausstellen, daß die Basisgruppen zu den unterschiedlichsten Taktiken greifen. Aber wie auch immer, sie werden einer harten Zeit entgegensehen, denn es ist für Umweltsünder und Politiker, die eine destruktive Politik verfolgen, wieder einfacher geworden, ihre Interessen durchzusetzen. Wie immer wird auch hier das Geld eine entscheidende Rolle spielen. Aber wenn die Umfragen unter der Durchschnittsbevölkerung recht haben, dann sollte es der Umweltschutzbewegung trotz alledem möglich sein, mehr Menschen zu aktivieren und für den Umweltschutz zu interessieren. Diese Entwicklung würde nicht ohne politische Folgen bleiben.
B.P.B.

Koalitionen

Im rauhen Klima der Politik hat es der einsame Kämpfer oft schwer. Umweltschützer, die traditionell eher zu den Einzelkämpfern zu rechnen sind, haben sich daher in letzter Zeit nach Weggefährten umgesehen. Im Jargon der Szene heißt das „passende Bündnispartner suchen". In den achtziger Jahren werden Bündnisse mit anderen politischen Kräften immer wichtiger.

Umweltschützer haben untereinander häufig mehr Schwierigkeiten als mit anderen Gruppen. Man geht aber allgemein davon aus, daß das sich verschärfende politische Klima zu einer größeren Gesprächsbereitschaft bei allen fortschrittlichen Kräften führt. Alte Antagonismen fallen, und neue Koalitionen können geschlossen werden.

Bündnisse sind kein neues Phänomen in der relativ jungen Umweltschutzbewegung. In den USA taten sich in den siebziger Jahren Umweltbesorgte mit der organisierten Arbeiterschaft zusammen, um für eine Kontrollgesetzgebung über giftige Substanzen zu kämpfen. Gemeinsam mit Bürgerinitiativen setzten sie sich für die Schaffung von Freizeitzentren ein. Diese Bündnisse waren aber fast immer zweckgebunden und nicht von langer Dauer. Sobald das Ziel erreicht war, löste sich die Koalition wieder auf. Nicht selten fühlten sich die Partner der Umweltschützer benutzt: „Umweltschützer kommen immer zu den Gewerkschaften und erwarten, daß man ihnen zuhört und ihre Position unterstützt", beklagte sich einst ein Gewerkschaftsfunktionär, „aber sie sind ihrerseits selten bereit, sich auch für die Fragen und Standpunkte anderer Gruppierungen zu öffnen."

Die Hand ausstrecken

Mit den veränderten politischen Bedingungen der achtziger Jahre, ausgelöst durch Ängste über die wirtschaftliche Entwicklung, strategische Veränderungen in der Außenpolitik und das starke Auftreten bestimmter Interessengruppen, deutet sich an, daß auch die Umweltschützer ihre Haltung ändern werden. „Die Umweltschutzbewegung bewegt sich von einer reinen Protestbewegung auf ein breiteres Interessenfeld zu", beobachtet Vernon Jordan jun., Vorsitzender der *National Urban League,* einer wichtigen Gruppe zur Durchsetzung der Rechte der Schwarzen. „In dieser Hinsicht ähnelt die Entwicklung der Umweltschutzbewegung der der Bürgerrechtsbewegung. Beide mußten sich mit veränderten Realitäten abfinden. Und beide bemerken, daß die neue Situation sie näher zueinander bringt."

So bilden sich durch die „neuen Realitäten" der achtziger Jahre auf breiter Ebene die verschiedensten Koalitionen; die folgenden Beispiele aus den Vereinigten Staaten zeigen die Bandbreite und Möglichkeiten auf:
• In Detroit fand eine Konferenz zur Lage der Stadt statt, bei der sich Hunderte von Umweltschützern mit Mitgliedern anderer Bür-

gerinitiativen trafen. Gemeinsam wurden Pläne geschmiedet, um Projekte wie Stadtbegrünung, Schutz der Siedlungen vor giftigen Abfällen und die Sanierung innerstädtischer Wohngebiete zu fördern und voranzutreiben.

• Die 1978 gegründete *Citizen Labor Energy Coalition* hat Gewerkschaften, Umweltschützer und Bürgerinitiativen an einen Tisch gebracht, um zusammen erneuerbare Energiequellen und andere umweltschützende Maßnahmen durchzusetzen.

• Im Bundesstaat Montana haben sich Umweltschützer mit den dort ansässigen Ranchern, Farmern und Eingeborenen zusammengetan, um progressive, bewußte Kandidaten zur Wahl aufzustellen.

• In Indiana kämpfen die Mitglieder der Stahlarbeitergewerkschaft mit den Umweltschützern zusammen gegen den Bau eines Kernkraftwerks in der Gegend.

• In einer Wiederaufbereitungsanlage für Nuklearbrennelemente streiken die Arbeiter zur Durchsetzung besserer Gesundheitsüberprüfungen und Sicherheitsbestimmungen. Sie wurden im Streik unterstützt von Anti-AKW-Kämpfern, deren Sprecher sagte, dieser Schritt zeige, daß die Umweltschutzbewegung den Gewerkschaften konkrete Zusammenarbeit anbieten kann. Die Unterstützung kam zustande, obwohl sich die Gewerkschaft der Arbeiter in der Wiederaufbereitungsanlage eindeutig für die Nutzung von Kernkraft ausgesprochen hatte.

• Die *Urban Environment Conference* ist nun schon über 10 Jahre alt. Arbeitervertreter, Umweltschützer und andere Minderheitengruppen spielten eine Schlüsselrolle bei der Durchsetzung von strengeren Bestimmungen zur Herabsetzung karzinogener Stoffe am Arbeitsplatz.

Edel oder mächtig?

Die Folge dieser Koalitionen ist eine Zunahme der politischen Einflußnahme. Die meisten Umweltschützer räumen ein, daß diese Bündnispolitik mit dem Verlust entschiedener Positionen bezahlt werden muß. Will man mit einflußreichen Partnern zusammenarbeiten, dann müssen die Ziele aufeinander abgestimmt werden. Einige schätzen das so kritisch ein, daß sie die Bündnispolitik für eine Fehlentwicklung halten.

Ein Sprecher von *Freunde der Erde* erklärte in San Francisco, daß seine Organisation Bündnispolitik insofern für richtig halte und auch betreibe, als sie die Zusammenarbeit mit anderen Umweltschutzgruppen betrifft. Gemeinsames Vorgehen mit anderen Interessengruppen schließt er zwar nicht aus, meint aber, es würde die Ziele der Umweltschützer verwässern. „Wir werden die Zusammenarbeit mit den Arbeitsverbänden suchen, aber nicht um den Preis der Einschränkung unserer Ziele aus reinen Nützlichkeitserwägungen."

Ein anderer Umweltschützer nimmt dazu Stellung: „Man kann den Weg allein gehen und rein bleiben, und eine Menge verlieren. Man kann aber auch ein Bündnis eingehen, etwas verlieren, aber dennoch eine ganze Menge für die Sache des Umweltschutzes tun."

Die *Alaska Coalition* bildete sich im Jahre 1977, um für die Erhaltung von 69 Millionen Hektar Land als Wildpark und Naturschutzgelände zu kämpfen. Dieses Bündnis war ein eindrucksvoller Beweis für die Schlagkraft mehrerer Gruppen, die sich auf einen gemeinsamen Weg einigen können. Die Gruppen richteten ein gemeinsames Büro ein, teilten sich die Arbeit und die Spenden für dieses Projekt, organisierten Telefonketten und mobilisierten Aktivisten. Es zahlte sich aus. Schließlich rettete das entsprechende Gesetz 49,5 Millionen Hektar Land, das nicht für infrastrukturelle Maßnahmen freigegeben wurde.

Zusammenhalten oder aufhalten?

Vermutlich werden sich in den kommenden Jahren alle möglichen Bündnisse bilden, nicht nur unter Umweltschützern, sondern mit anderen progressiven Strömungen zusammen, oder gar, wie in einigen Bundesländern der BRD, mit herkömmlichen Parteien (z. B. Die Grünen in Hessen, die GAL in Hamburg). Andere Interessengruppen scheinen der Sache des Umweltschutzes heute offener gegenüberzustehen als noch vor wenigen Jahren, auch von daher ist eine größere Koalitionsbereitschaft zu spüren. Es bleibt abzuwarten, ob diese neuartigen Bündnisse eher opportunistischer Natur sind oder ob sich langfristige Verbindungen ergeben. Vermutlich gilt auch hier der Satz Benjamin Franklins: „Wir müssen in der Tat zusammenhalten, denn allein können wir uns wahrscheinlich gar nicht halten." B.P.B.

Die Heilige Allianz von Belo Horizonte. Belo Horizonte ist Brasiliens drittgrößte Industriestadt. Im Jahre 1972 zwangen die Arbeiter der Industriegebiete die Regierung zum Einbau von Filtern und Entschwefelungsanlagen in den größten Dreckschleudern der Gegend. Schließlich wurden tatsächlich Filter installiert, aber da die Industrie sich in dieser Gegend ständig ausweitet, ist das Problem langfristig nicht gelöst. Der Anteil der Staubpartikel in der Luft ist noch immer unerträglich hoch. Auf den Häusern rings um das Industriegebiet setzt sich stets eine dicke Staubschicht ab. Nach den Richtwerten der Weltgesundheitsorganisation ist die Luftverschmutzung in Belo Horizonte selbst mit Filtern fünfmal so hoch wie der zulässige Höchstwert. Diese Situation hatte natürlich tiefgreifende Auswirkungen auf die Gesundheit der Bevölkerung: über 50 Prozent leiden unter Asthma, Allergien oder Bronchitis.

      1978 schließlich bildete sich eine ungewöhnliche Allianz zur Bekämpfung dieser unerträglichen Situation. Schauspieler, die als Stars einer Fernsehserie im ganzen Land bekannt waren, taten sich mit Vertretern der römisch-katholischen Kirche zusammen, setzten das Problem in ein Drama um und begannen die Leute wachzurütteln. Die Kirche in Belo Horizonte organisiert beispielsweise des öfteren ökologische Gottesdienste, in denen die Luftverschmutzung durch die Industrie zum beherrschenden Thema wird.

Ökologische Prozessionen durch die Straßen von Belo Horizonte sind kaum von einer Umweltschutzdemonstration zu unterscheiden. Und jeden Abend erleben 10 Millionen Brasilianer auf dem Bildschirm den Fortgang des Kampfes in der Serie *Warning Signal* („Warnsignal"). Die Hauptrollen spielen Fabrikarbeiter, die aufgrund der rücksichtslosen Mißachtung der Gesetze durch den Fabrikbesitzer der kräftezehrenden Luftverschmutzung ausgesetzt sind. Von Zeit zu Zeit tauchen die Schauspieler mit dem ganzen Team in Belo auf, nehmen an den Prozessionen teil und filmen dies. Diese realen Szenen werden in die Fernseh-Geschichte eingebaut.

Die Organisatoren dieser Heiligen Allianz sind zuversichtlich über den Erfolg ihrer publikumswirksamen Veranstaltungen. Alles, so meinen sie, trägt zu einer baldigen Aufklärung des Himmels über Belo Horizonte bei. B.P.B.

Bis an die Grenze? Rechtsstreitigkeiten im Umweltschutz

Der Hauptkampfplatz für Schlachten den Umweltschutz betreffend, war in den siebziger Jahren in den USA der Gerichtssaal. Behördliche Erlasse und anwaltliche Schreiben waren die ersten Waffen der Umweltschützer. Die Gesetze zur Reinhaltung der Luft und des Wassers sowie das nationale Umweltschutzgesetz gaben den Anwälten eine gute Grundlage an die Hand, Staudammprojekte, destruktive Infrastrukturmaßnahmen und Umweltverschmutzungen zu verfolgen und die entsprechenden Industrien auf die Anklagebank zu zitieren.

Heute allerdings glauben sowohl Umweltschützer wie auch ihre Rechtsvertreter, daß über die rechtlichen Auseinandersetzungen hinaus politische Unterstützung auf breiter Basis nötig ist, um langfristig wirkliche Erfolge zu erzielen. Sie heben hervor, daß die Rechtsprechung nur ein Teil der Staatsgewalten sind. Wenn die politische Stimmung nicht ernst genug genommen wird, kann es passieren, daß die gesetzgebende Kraft Bestimmungen erläßt, mit denen sie die Entscheidungen der Gerichte wieder zunichte macht.

Meinungsumfragen der letzten Zeit zeigen zwar deutlich, daß sich die Öffentlichkeit mehr und mehr für Umweltschutzfragen interessiert, daß aber die Politiker diesem Trend nicht Rechnung tragen.

Die Spielregeln stimmen nicht mehr

Der Kampf um die Trans-Alaska-Pipeline bietet für diesen Sachverhalt ein gutes Beispiel. John Sims, ein Anwalt in den Diensten der Umweltschützer, meint, dieser Fall zeige, daß man im Gericht gewinnen und doch auf gesetzgeberischer Ebene verlieren kann. Eine Umweltschutzgruppe hatte Widerspruch eingelegt gegen den Bau der Pipeline, da diese gegen verschiedene Sicherheitsbestimmungen verstoße. Kurzerhand erließ das Parlament ein Ausnahmegesetz, kurz nachdem die Umweltschützer das Widerspruchsverfahren gewonnen hatten. Nach dem Ausnahmegesetz ist nun der Bau der Pipeline trotzdem möglich.

Eine zusätzliche Schwierigkeit stellt nach Aussagen von Experten die Tatsache dar, daß die Richter selbst betroffene Bürger sind, die ihre politischen Meinungen mit sich herumtragen und nicht frei von gängigen Vorstellungen bzw. Vorurteilen sind.

Der frühere Vorsitzende einer Bürgerinitiative in New England meint, niemand solle der Illusion verfallen, große Justizprozesse könnten viel bewirken, wenn nicht eine politische Macht hinter ihnen stünde. „Die Schlachten der achtziger Jahre werden in dem Maße erfolgreich sein, wie es uns gelingt, Bürger zu mobilisieren und Bündnisse abzuschließen."

Peter Herzberg, einer der Washingtoner Anwälte der Umweltschützer, sieht die Rechtsstreitigkeiten als ein Mittel an, die errungenen Siege zu erhalten und nicht sie erst zu erringen, wie das noch in den sechziger und siebziger Jahren der Fall gewesen ist. Die bislang in den Gerichten erreichten Fortschritte sind derzeit in Gefahr, weil die Industrie sich nach wie vor so wenig wie möglich um die Einhaltung dieser Gesetze kümmert.

Das Labyrinth der Regeln

„Wir befinden uns heute in einer anderen Phase", sagt Herzberg. „Die Programme liegen zwar vor, aber die Umsetzung findet nicht statt. Da hat die Industrie noch immer die Oberhand. Wenn sich beispielsweise die gesamte chemische Industrie zusammentun würde, um Rechtsmittel einzulegen, dann können wir die ganzen Bestimmungen vergessen. Es müssen noch viel mehr Fälle vor Gericht verhandelt werden als in der Vergangenheit. Das gesamte

Rechtsgefüge auf diesem Gebiet ist inzwischen viel komplizierter geworden."

Als Beispiel erzählt er, daß die Gruppe *Sierra Club* 1972 versucht hat, gerichtlich durchzusetzen, daß die Umweltschutzbehörde elf Wörter in der Präambel des Gesetzes zur Reinhaltung der Luft neu formulieren sollte. Der *Sierra Club* gewann dieses Verfahren zwar, aber die Industrie legte Berufung ein, und so folgte ein Verfahren auf das andere. Unglaubliche Mengen von Schriftsätzen wurden bislang verfaßt. Als es schließlich zum Ende kam, hatte die Umweltschutzbehörde statt der elf Wörter ein Papier von 60 Seiten verfaßt. „Wir sind heute mit so vielen Einzelheiten befaßt, daß keine Seite mehr sagen kann, sie hätte das Verfahren gewonnen", erklärt Anwalt Herzberg." Dieser Fall ist ein Beispiel dafür, daß der Streit auf juristischer Ebene wenigstens zunächst einen Sinn hatte. Nun aber gehen die Bestimmungen so weit ins Detail, daß niemand mehr genau sagen kann, worum es überhaupt noch geht." L.B.

Vermittlung als Konzept amerikanischer Umweltschützer

Die in den Gerichten ausgefochtenen Kämpfe der Umweltschützer sind häufig kostspielige und erbittert geführte Schlachten, deren Ergebnisse selten auch nur eine Seite befriedigen. Deshalb hat sich in den letzten Jahren in Amerika ein anderes Konzept einen Namen gemacht: Vermittlung. Umweltschutzkader bieten eine erfolgversprechende, friedliche Alternative zu den Rechtsstreitereien an. Speziell ausgebildete Vermittler gehen davon aus, daß Verhandlungen in den meisten Fällen ein Gerichtsverfahren ersetzen, die hohen Kosten einsparen und zu besseren Ergebnissen führen können.

Als die ersten Umweltschützer zu Beginn der siebziger Jahre das neue Konzept der Vermittlung ernsthaft in Erwägung zogen, erfuhren sie heftige Kritik, weil sie es auf nationaler Ebene zur Anwendung bringen wollten. Dann aber machte man allgemein die Erfahrung, daß sich die Vermittlungstaktik auf kommunaler Ebene bei kleineren Konflikten durchaus bewährte, denn nun konnten Konflikte am Verhandlungstisch ausgetragen und gelöst werden.

1973 entbrannte beispielsweise ein Streit in der Senke des Snohomish River östlich von Seattle. Das Corps of Engineers hatte einen Damm zur Flutkontrolle entwickelt. Farmer und andere Interessengruppen, die den Bau befürworteten, mußten ihre Kraft gegenüber einem Bündnis von Umweltschützern und Bürgern messen, die befürchteten, das durch Flutkontrollmaßnahmen gewonnene Land würde dem Städtebau zur Verfügung gestellt.

Zwei vom Gouverneur beauftragte Vermittler bemühten sich um eine Lösung. Nachdem über ein Dutzend Bürger für den Schlichtungsausschuß nominiert worden waren, stellten die Vermittler einen Ausschuß zusammen, dem Vertreter der verschiedensten Interessengruppen angehörten, darunter ein Mitglied einer Umweltschutzgruppe, ein Bauer, ein Ladenbesitzer und ein Ingenieur der ansässigen Luftfahrtgesellschaft. Unter der Leitung der Vermittler rangen die Ausschußmitglieder acht Monate lang um eine Lösung, der alle zustimmen konnten. Im Dezember 1974 schließlich konnten sie dem Gouverneur eine Liste mit Empfehlungen für modifizierte Flutkontrollmaßnahmen überreichen.

Vier Jahre später wurde ein Abkommen unterzeichnet, das auf der Grundlage dieser Empfehlungen entstanden war. Es enthielt einen umfassenden Entwicklungsplan für die gesamte Senke.

In einem anderen Fall konnte ein Anwalt der *National Wildlife Federation* (Nationales Komitee für wilde Tiere) einem Naturschützer bei der Rettung der Brutstellen des vom Aussterben bedrohten Bachman-Teichrohrsängers helfen, die aufgrund von Holzschlag durch die amerikanische Forstverwaltung in Gefahr waren.

„Anstatt Klage zu erheben, setzten wir uns in einem dreiköpfigen Ausschuß zusammen, um die Sache in Ruhe zu verhandeln", sagte einer der Beteiligten. „Der Ausschuß – dem ein Biologe von der Forstverwaltung, einer vom *Fish and Wildlife Service* und einer von der *Wildlife Society* angehörten – setzte sich hin, erledigte seinen Auftrag und erschien mit Empfehlungen vor der Öffentlichkeit, die beide Widersacher zufriedenstellten. Man hatte sich auf bestimmte zu schonende Standorte und andere, in denen das Abholzen als ungefährlich angesehen wurde, geeinigt. Diese Art der Lösung war viel weniger zeit- und kostenaufwendig als ein Gerichtsverfahren und sparte zudem Ärger."

Trotz des Erfolgs dieser Vermittlungstaktik auf kommunaler Ebene haben sich inzwischen eine Reihe Kritiker zu Wort gemeldet, die das Konzept nicht auf größere Probleme angewandt sehen möchten. 1977 wurden Umweltschützer in Alarmbereitschaft versetzt, als 60 Repräsentanten von Umweltschutzgruppen und der Industrie, die über die Kohlepolitik der USA verhandelt hatten, zu gemeinsamen Beschlüssen gekommen waren. Diese sahen vor, daß die hohen Schuttberge in einigen Teilen der westlichen USA, die als

Überbleibsel vom Kohletagebau in der Landschaft stehen, nicht eingeebnet werden mußten. Außerdem wurden hohe Schornsteine bei kohleverbrennenden Fabriken als ausreichender Ersatz für emmissionshemmende Kontrollmaßnahmen anerkannt.

Diese Empfehlungen repräsentierten nach Aussagen von Richard Ayers vom Nationalen Rat zum Schutz der Rohstoffe keinen „legitimen Konsens" zu diesen Fragen. Die hohen Schornsteine wurden bislang nicht und werden auch in Zukunft von den Tausenden einzelner Umweltschützer und von den Hunderten von kleineren Umweltschutzorganisationen im ganzen Land, die Jahre an dem Gesetz zur Reinhaltung der Luft gearbeitet hatten, nicht als Kompromißlösung akzeptiert werden."

Ungeachtet einer Kritik wie der von Ayers und trotz der Befürchtungen, durch vermittelnde Verhandlungen dieser Art würden die Umweltschützer unmerklich ihre Freiheit teilweise aufgeben, gewinnt das Konzept der Vermittlung zunehmend an Anerkennung. Inzwischen gibt es in den USA schon Zentren, die Informationen bereitstellen, Vermittler ausbilden und für verschiedene Streitfragen eine Vermittlung anbieten. Dazu gehört auch das von Gerald W. Cormick gegründete *Office of Environmental Mediation* an der Universität von Washington. Cormick wird als der Vater dieses Konzepts angesehen, seit er die Schlichtungsverhandlungen um den Damm am Snohomish River führte.

Befürworter dieser Vorgehensweise gehen davon aus, daß eine Anwendung des Vermittlerkonzepts auf breiter Basis dazu beitragen wird, daß die Umweltschützer das ihnen anhaftende Image der Neinsager verlieren. So könnten sie neue Teile der Bevölkerung für ihre Sachen gewinnen. Kritiker des Konzepts sagen weiterhin, daß es bei Fragen um die Gesundheit des ganzen Volkes und bei Fragen der Umwelt keinerlei Kompromisse geben darf. Auf jeden Fall tragen Schlichtungsverhandlungen zu einer besseren, konstruktiveren, ernsthafteren Auseinandersetzung der gegnerischen Parteien und zur Auflösung allzu starrer Grenzen bei. L.B.

Eine neue Generation von Werbefachleuten

Die Darstellung von umweltpolitischen Fragen in der amerikanischen Presse hat sich seit dem ersten „Tag der Erde" im Jahre 1970 bis heute stark verändert. Wurde Umweltschutz damals noch für eine Eintagsfliege gehalten, so hat sich inzwischen ein anderes Bewußtsein in den Medien herausgebildet. Die Umweltschützer, denen es am Anfang der siebziger Jahre fast ausschließlich um Publizität ging, suchen heute die öffentliche Aufmerksamkeit, um bestimmte umweltrelevante Themen politisch und organisatorisch darzustellen.

Gleiches mit Gleichem bekämpfen

Wieso greifen die Umweltschützer zu den professionellen Praktiken der PR-Manager? Die meisten Umweltschützer sind es irgendwann leid gewesen, ständig gegen die ausgeklügelten Werbefeldzüge der Industrie anzurennen. In Ohio und Washington zum Beispiel hatte die Getränkeindustrie ganz rasch einen Blitzkrieg gegen die Kampagne zur Einführung von Pfandflaschen gestartet. Für diese Werbemaßnahmen hatte die Industrie 2,6 Millionen Dollar (rund 6,5 Millionen DM) bereitgestellt. In Kalifornien gingen den Umweltschützern, die gegen den Bau einer Öl-Pipeline kämpften und von der betreffenden Ölgesellschaft mit einer massiven Gegenkampagne attackiert wurden, die Luft und die Gelder aus. Bei längerem Durchhalten hätten die Baupläne gestoppt werden können. Ein Sprecher der Standard Oil Company gab zu, daß die Werbekampagne zwar kostspielig gewesen sei, meinte aber, solche Aktionen würden in Zukunft immer häufiger geschehen.

Auch die Umweltschützer begründen ihr wachsendes Interesse an PR-Maßnahmen damit, daß immer ausgefallenere Ideen nötig seien, um die Öffentlichkeit von der Dringlichkeit ihrer Anliegen zu überzeugen, eine Öffentlichkeit, die in den siebziger Jahren mit Umweltdebatten übersättigt wurde. Der Direktor eines Medienzentrums in San Francisco, das seit langem in Umweltschutzsachen engagiert ist, gibt zu bedenken, daß viele der alteingesessenen Umweltschutzgruppen erstarrt sind und die Fähigkeit verloren haben, verständlich zur Öffentlichkeit zu sprechen.

„Es scheint eine bewußte Entscheidung zu sein, nur noch zu den Überzeugten zu sprechen, aber nicht mehr überzeugen zu wollen", sagt er.

Jetzt treten Medienexperten der Umweltschützer auf den Plan, um diesem Trend entgegenzuwirken. „Community Media" ist eine PR-Agentur, die 1979 von Umweltschützern in Washington gegründet wurde. Sie lebt seither von Aufträgen der Umweltschützer. Das öffentliche Medienzentrum arbeitet gegenwärtig mit rund 150 Gruppen zusammen. Viele regionale und bundesweite Umweltschutzgruppen sind inzwischen dazu übergegangen, ihre eigenen PR-Manager anzustellen, was besonders bemerkenswert erscheint, da Bürgerinitiativen und Umweltschutzgruppen chronisch an Geldmangel leiden. Die Gruppen, die sich keine eigene Werbeabteilung leisten können, wenden sich hilfesuchend an Unternehmen wie „Community Media". Dort erhoffen sie sich Tips zu Öffentlichkeitsarbeitsstrategien, zur Formulierung von Pressemitteilungen und zur Plakatwerbung in öffentlichen Transportmitteln.

Immer knapp mit dem Geld

Die Aufgaben dieser PR-Spezialisten unterscheiden sich wenig von denen der Profis, die für die großen Unternehmen auf der anderen Seite arbeiten. Deshalb werden diese Werbefachleute von vielen Journalisten auch nur als eine neue Generation von PR-Leuten angesehen, die die Medien und die Öffentlichkeit nun in eine andere Richtung beeinflussen wollen.

Die PR-Bemühungen der Umweltschützer unterliegen in der Regel jedoch durch die finanzielle Enge ganz erheblichen Beschränkungen. So müssen sich Bürgerinitiativen häufig auf „freien" Zugang zu Werbeträgern verlassen. In der Folge bedeutet es auch, daß eben diese Gruppen hauptsächlich mit Flugblättern, Anstecknadeln, Plakaten und Wurfsendungen ihre Botschaft unter die Leute bringen. Den meisten dieser Produkte sieht man an, daß sie hausgemachte, auf einem klapprigen Vervielfältigungsapparat abgezogene Blättchen sind.

Die Basis verbreitern

Mit der zunehmenden Wichtigkeit, die Basis zu vergrößern, wird auch die Werbung ein wachsender Faktor bei der Definition und Modifizierung der zu erreichenden Ziele. Schließlich sollen immer mehr Menschen angesprochen werden. Die NRAG, eine Umweltschutzberatungsgruppe in Montana hat den Umweltschützern der Gegend sehr bei den großen Kampagnen zur Mobilisierung der Öffentlichkeit geholfen, als es um Themen wie Kohleabbau und Bodennutzung ging. Durch diese Werbekampagnen ist es zu Bündnissen zwischen Viehzüchtern der Gegend, Indianern, landwirtschaftlichen Interessen- und Umweltschutzgruppen gekommen. Der

Medienstratege von NRAG meint dazu: „Man darf die Themen nicht so eng fassen, daß sie nicht auch für andere Personengruppen in Frage kommen können. Sonst kommt man nicht weit, dann hat man nur die wenigen ganz Aufrechten um sich. Das ist verrückt, weil man dann keine politische Kraft entwickelt!"

Neben der zunehmenden Gewitztheit auch der Umweltschutzgruppen im Umgang mit der Presse halten immer noch einige Kritiker die These aufrecht, daß die Presse manche Sachen immer falsch verstehen wird – einfach, weil sie so ist, wie sie ist. Vor kurzem kritisierte eine Stiftung, daß Presseberichte häufig zu einer sensationellen und verflachenden Darstellung der Dinge neigten. Ein gutes Beispiel hierfür sei die Auseinandersetzung um den Bau des Tellico-Dammes in Tennessee, die in den meisten Presseverlautbarungen als witzige Geschichte eines kleinen Fisches abgehandelt wurde, der den Fortgang eines millionenschweren Bauprojekts stören würde. Die Umweltschützer waren damals der Meinung, daß dieser Dammbau nicht vertretbar sei, da er lediglich einigen wenigen Landspekulanten zu viel Geld verhelfen, ansonsten wertvolles Land überfluten und Verwirrung in einem alten, gewachsenen ländlichen Gebiet mit vereinzelt liegenden Gehöften stiften würde (s. a. „Der Tellico-Damm", S. 123). Die mit dem Dammbau verbundenen ökonomischen und sozialen Probleme, die die Umweltschützer gegen den Bau ins Feld hätten führen können, wurden ins Lächerliche gezogen durch die Presseberichterstattung, die das Problem auf das Schicksal des Schneckenbarsches reduzierte, einer kleinen Elritze, die durch den Damm vom Aussterben bedroht war.

Einige der PR-Experten der Umweltschützer stimmen allerdings den Vorwürfen gegenüber den Medien nicht zu, sondern geben den Umweltschützern selbst die Schuld. „Die Auseinandersetzung um den Tellico-Damm war ein Lehrstück in Sachen Öffentlichkeitsarbeit für die Umweltschützer", sagt Diana Mac Eachern, Vorsteherin der Community Media. „Die bürgerliche Presse konnte sich nur deshalb auf die Elritze kaprizieren, weil die Umweltbewegung es versäumt hatte, die anderen wichtigen ökonomischen und sozialen Probleme anzusprechen. Ich habe kein einziges Mal nach Fernsehsendungen über den Tellico-Damm erschrockene oder betroffene Gesichter gesehen. Ich erinnere nur die Umweltschützer, die auf ihren T-Shirts die Elritze wie ein Wappentier durch die Gegend trugen."

Tatsächlich sind die Darstellungsmöglichkeiten in den Medien begrenzt. Reporter haben eine Vorliebe für dramatische, einfache und knappe Neuigkeiten. Komplexe ökologische Themen mögen in diese Vorstellung nicht immer hineinpassen. Gleichwohl sind sich diejenigen unter den Umweltschützern, denen an einer Verbreiterung der Basis nach wie vor gelegen ist, einig, daß eine gutgemachte und kluge Nutzung der vorhandenen Medien noch immer die beste Möglichkeit ist, die Öffentlichkeit auf die Notwendigkeit zum Schutz der Umwelt hinzuweisen. B.P.B.

Zurück zur Einfachheit

Die Schriftstellerin Barbara Garson erzählt, wie sie vor einigen Jahren den Einstieg in die Praxis des Recycling fand – für diejenigen, die sich öffentlich als Umweltschützer erklärten, schon damals tägliche Routine. Sie war auf der Suche nach einem Platz für ihr Kindertagheim in Portland. Ein Paar, das selbst zu den Anhängern des Recycling gehörte, bot ihr die erste Etage ihres Hauses an. Und so kam es, daß Barbara Garson nach den Mahlzeiten mit großem moralischem Anspruch die benutzten Saftdosen zusammenpreßte und die Papieretiketten von ihnen entfernte. Apfelreste wurden natürlich auf dem Komposthaufen gesammelt.

Eines Tages fiel es ihr wie Schuppen von den Augen, berichtete Barbara Garson: Sie stand in der Küche und wusch einen Papierstreifen von einer Saftflasche, da schoß ihr der Gedanke durch den Kopf: „Was mache ich hier eigentlich? Welch ein Unsinn! Ich soll mich um 15 Kinder kümmern und statt dessen stehe ich in der Küche und schrubbe Etiketten von Flaschen, die in Sekundenschnelle von den Maschinen wieder draufgeklebt werden." Dieser Erkenntnis folgte die nächste: „Entweder ist es richtig, Papieretiketten auf Flaschen zu kleben oder nicht. Wenn nicht, dann setzt man sich nicht in seine kleine Küche und kratzt sie wieder ab. Man marschiert zur Fabrik und bringt sie dazu, damit aufzuhören! Das Übel muß man an der Wurzel packen!"

Eine Frage des Lebensstils

Recycling war nur eine der sichtbaren Erscheinungsformen des neuen Umweltbewußtseins, das die Umweltschützer in den ersten Tagen der Bewegung deutlich sichtbar machten. Das Kompostieren, die Trennung in organischen und anorganischen Müll, verstärktes Benutzen der öffentlichen Transportmittel, gesunde Nahrung und eine schlichte Lebensführung wurden als wesentliche Züge herausgestellt, die die Menschen erlernen müßten, wollten sie bei der kommenden Umweltkrise eine Chance haben. Für einige bedeuteten diese Forderungen mehr: nämlich eine politische Aussage. Die zugrundeliegende Auffassung war die, daß man das praktizieren sollte, was man predigte. Jedenfalls war die Forderung nach Veränderung/Vereinfachung der Lebensführung ein Ausdruck der Überzeugung, daß zur Umkehr zu einem Leben in Einklang mit der Umwelt weitreichende gesellschaftliche Veränderungen nötig seien; anfangen müßte man mit Änderungen im Leben jedes Einzelnen.

Für viele Umweltschützer stellte das Sammeln von Altpapier und Altglas oder der Backstein im Wasserkasten der Toilette nur der erste Schritt zu einem intensiveren Engagement im Umweltschutzbereich dar. Einige, wie Garson, kamen nach einer Weile zu der Erkenntnis, daß diese Einzelheiten nur vom Kampf um Wichtigeres ablenkten. Andere, die sich voll in die Schlacht stürzten, entdeckten, daß sie gar keine Zeit mehr hatten, ihr eigenes Brot zu backen oder Papieretiketten von Saftflaschen abzuwaschen. Dann gab es noch die anderen, die irgendwelchen politischen Lösungen auswichen und auf ihrer individuellen Linie blieben. Sie waren damit zufrieden, nach ihrer Überzeugung zu leben und vielleicht gar anderen als Vorbild zu dienen.

Klein ist schön

Der britische Ökonom E. F. Schumacher forderte 1973 in seinem Buch „Small is beautiful" („klein ist schön") zu einer Rückkehr zu kleinen Wirtschaftseinheiten auf Gemeindeebene auf, die ein Ende der ewigen Verbrauchssteigerungsspirale bedeuten würde. Sein Buch enthielt die Glaubenssätze der damaligen Experimente und gewann in den Vereinigten Staaten immer mehr an Bedeutung, je deutlicher die US-Wirtschaft zum Scheitern verurteilt war. Eine Umfrage im Jahre 1975 in den USA ergab, daß bei der Alternative von der Veränderung des Lebensstils zu weniger Konsumgütern oder der Erduldung von Inflation und Arbeitslosigkeit immerhin drei Viertel der Befragten für eine Veränderung der Verhältnisse stimmten. Bei einer 1977 erfolgten Überprüfung stellte sich heraus, daß diese Antwort keine kurzzeitige Verwirrung gewesen war, sondern daß sich in der amerikanischen Öffentlichkeit ein entscheidender Sinneswandel bezüglich des traditionell ungehinderten ökonomischen und industriellen Wachstums abgezeichnet hatte. Beachtliche 79 Prozent der Befragten immerhin fanden es wichtiger, die Menschen zu einem besseren Leben mit den einfachen Dingen zu führen als ständig den Lebensstandard heraufzusetzen. 59 Prozent wollten lieber von vorneherein „alles, was Umweltverschmutzung auslöst, vermeiden" und lehnten Lösungsvorschläge zur Säuberung und Entgiftung der Umwelt bei gleichzeitiger Expandierung der Industrie ab.

Außen einfach, drinnen reich

Die soziale Bewegung, die diesem Wandel der Anschauungen zugrundeliegen, wird nach Aussagen einiger Beobachter in den Vereinigten Staaten und in anderen hochentwickelten Nationen eine neue Bewegung auslösen. Es ist eine Welle in Richtung auf „freiwillige Einfachheit". Nach Untersuchungen des Forschungsinstituts Stanford (SRI) in Kalifornien hat diese Welle allein in den USA schon 5 Millionen Menschen erfaßt.

Die Sucht nach dem einfachen Leben oder – wie SRI es formuliert – einem Leben, das äußerlich einfach und innen reich ist, kann als Ergebnis dessen angesehen werden, daß die Umweltschutzbewegung so viele Zusammenhänge aus dem Bereich Ökologie bewußt gemacht hat. Die „Einfach Leben!"-Bewegung hat als Triebkraft die Erkenntnisse über den Stellenwert der zunehmenden Rohstoffknappheit, der Umweltverschmutzung und der verlorengehenden Schönheit der Natur. Über die Anfänge des Altpapiersammelns und Trennens von organischem und anorganischem Müll ist diese Bewegung allerdings inzwischen weit hinausgewachsen. Nun geht es um die Förderung der Persönlichkeit, des gemeinschaftlichen und zielgerichteten Lebens, in einem Wort um eine ganzheitliche Lebensweise.

Eine neue soziale Ordnung?

Man greift vielleicht der Geschichte ein wenig vor, wenn man die Forderung nach einem einfachen Leben schon heute eine Bewegung nennt, aber es ist gleichwohl deutlich zu spüren, daß sich etwas tut. Der erstaunliche Zuwachs an Interessenten für Arbeiten im eigenen Garten, für naturbelassene Nahrungsmittel, für den Aufbau kleiner alternativer Unternehmen, für den Einsatz von Solarenergie, für hautfreundliche, haltbare Kleidung oder auch die Gruppen zur Persönlichkeitsentwicklung – all dies sind Anzeichen für eine sich verändernde Haltung bei vielen Menschen. Aber diese Bewegung hat keine Führer, keine festgelegten Statuten oder Wahlkreise. Gleichwohl lauten Schätzungen des Forschungsinstituts in Stanford auf 60 Millionen Amerikaner, die sich in den kommenden 20 Jahren für eine solche Veränderung ihres Leben entscheiden könnten. Wenn sich das kulturelle Leben in den USA in diese Richtung orientiert, so wird das schwerwiegende soziale und politische Folgen haben.

„Wenn die Werte und Charakteristika, die dem einfachen Leben zugrundeliegen, von vielen Menschen akzeptiert werden, so wird das eine totale – vielleicht endgültige – Veränderung des amerikanischen Traums nach sich ziehen", heißt es in einem Bericht aus Stanford. „Im Endergebnis könnten wir eine Gesellschaft vorfinden, die von unserer heutigen Ordnung so weit entfernt ist wie das Industriezeitalter vom Mittelalter."

Hand in Hand mit dem „einfachen Leben" würden gesellschaftliche Institutionen mehr und mehr dezentralisiert. Das würde eine Verschiebung der politischen Aktivitäten auf die Ebene der Graswurzelbewegung bedeuten. Die Zunahme der Bürgerinitiativen in den USA und in anderen hochentwickelten Ländern mag hier als ein Indikator für die eingeschlagene Richtung gelten.

Wenn wir es tatsächlich hier mit dem Anfang einer umwälzenden Veränderung unserer Gesellschaft zu tun haben, dann ist die Strategie derjenigen, die ihren Lebensstil auf ein schlichteres Leben eingerichtet haben, als erfolgreiche und überzeugende Reaktion auf die Umweltkrise anzusehen. Wahrscheinlich sitzen die Weggefährten von Barbara Garson immer noch in ihrer Küche und lösen Papieretiketten von Saftflaschen ab. Aber außerdem stellen sie heute ihre eigene Kleidung her, benutzen ein Trockenklosett und radeln mit dem Fahrrad zur Arbeit – genau wie 5 Millionen andere Amerikaner es auch tun.   B.P.B.

„Ecotage"

„Umweltverschmutzer, nehmt euch in acht!" verheißt die Parole einiger Umweltschützer, die sich nicht länger mit Gesetzesänderungen zufriedengeben oder alle ihre Aktivitäten in einem Brief an ihren Abgeordneten erschöpft sehen. Sie haben sich außerhalb von Recht und Gesetz gestellt, sind eine Art Guerilla-Truppe geworden, die sich eine Taktik zu eigen gemacht hat, die „Ecotage" genannt wird.

Nehmen wir beispielsweise den Fuchs aus Aurora in Illinois, einen Einzelkämpfer, der sich die Taktiken von „Ecotage" zulegte und sich den Namen „The Fox" (Der Fuchs) gab, nachdem er mitansehen mußte, wie der Fox-River, der Fluß, an dem er als Junge gespielt und gefischt hatte, zu einer giftigen, stinkenden Brühe verkam. Für viele in Aurora ist der Fuchs inzwischen so etwas wie ein Volksheld geworden.

Nach Berichten des Chikagoer Kolumnisten Mike Royko betrat der Fuchs eines Tages die achtzehnte Etage des Verwaltungsgebäudes von U. S. Steel, einem der großen stahlerzeugenden Unternehmen in den USA. In der Hand trug der Fuchs eine Flasche mit ekelerregend stinkender Flüssigkeit, die er von einem der Abflüsse Fabrik entlang des Flusses abgefüllt hatte. „Guten Tag", sagte er freundlich zu der Sekretärin, die ihn begrüßte. „Ich bin von der Fuchs-Gesellschaft zur Erziehung zur Umwelterhaltung. Wir möchten der U. S. Steel für ihre herausragenden Leistungen bezüglich unserer Umwelt einen Preis verleihen." Mit diesen Worten öffnete der Fuchs die Flasche und goß den stinkenden Matsch auf den makellosen weißen Teppichboden. Beim Hinausgehen klebte er noch einen Aufkleber an die Eingangstür: „Für den Fuchs, gegen Umweltverschmutzung." Bevor noch die Sicherheitskräfte alarmiert werden konnten, verschwand der Fuchs rasch in einem Taxi.

Das war nicht der erste und auch nicht der letzte Auftritt des Fuchses. Er begann seine heimliche Karriere 1970, indem er die Abflußrohre von Fabriken verstopfte und die Schornsteine der größten Luftverschmutzer abdeckte. Nach Angaben von *Saturday Review* verkleisterte er die Wände und Fenster der McWorther Chemicals Company mit vielen Eimerladungen einer dickflüssigen, harzigen Masse, die die Firma im Fox-River versenkt hatte. An allen Fenstern des Dorfes Gary klebten plötzlich Zettel mit Aufschriften wie: „Ich kann leider nicht mit der Vernichtung Ihrer Umwelt aufhören. Ich brauche die Profite. Ihre U. S. Steel." Nie wurde der Fuchs erwischt, obwohl er einige Male nur knapp entkommen konnte und einmal sogar auf ihn geschossen wurde. Wann immer er wieder einmal zuschlägt, läßt er eine Nachricht zurück, die seine Motive erklären soll, zum Beispiel: „Warum setzen Sie nicht Ihre Ingenieure auf dieses Problem an und hören mit der Verschmutzung auf?" Und immer unterzeichnet er mit „The Fox".

Das letzte Mittel

Der Fuchs ist sicherlich der bekannteste der „Ecotage"-Stoßtrupps, aber bei weitem nicht der einzige in den USA, der zu dieser Taktik gegriffen hat. Die Organisation „Environmental Action", die den Terminus „Ecotage" prägte, schrieb einst einen Wettbewerb der besten Öko-Streiche aus und wurde zum eigenen Erstaunen mit Tausenden von Antworten aus allen Teilen des Landes überschwemmt. 1972 entstand daraus ein Buch mit dem gleichnamigen Titel.

Sicherlich gibt es einige amüsierte Zeitungsleser, die „Ecotage" für eine Schnapsidee halten, aber für diejenigen, die danach handeln, ist es durchaus eine ernstzunehmende Aufgabe. Es wird von seinen Verfechtern verteidigt als letztes Mittel, das einem ansonsten unbescholtenen Bürger bleibt, wenn er zusehen muß, wie sich alle braven Bürger an die Gesetze halten, die großen Industriegesellschaften aber entweder Ausnahmegenehmigungen erhalten oder sonstwie die Gesetze umgehen. In diesem Fall, so ihre Meinung, sei es verständlich, daß der frustrierte Bürger bereitwillig kleinere Delikte ausführt, weil er sich davon eine gewisse Öffentlichkeit und einen Druck erhofft. Die Taktiken der „Ecotage"-Anhänger sind nicht immer illegal, aber stets private, herausfordernde, symbolische Gesten, die normalerweise die Aufmerksamkeit der Öffentlichkeit erregen und dabei gleichzeitig den Verschmutzer bloßstellen. Sie stellen eine ernsthafte Bedrohung für das Image der betroffenen Unternehmen dar. Zu Anfang der siebziger Jahre konnte sich deshalb längere Zeit das Grücht halten, mehrere Gesellschaften hätten eine Belohnung für das Einfangen des Fuches ausgesetzt.

Ist „Ecotage" wirkungsvoll? Es ist kaum je das angemessene Mittel, um an entscheidende Beweise heranzukommen, aber auf jeden Fall wird Publicity hier als eine mächtige Waffe eingesetzt. Der Fuchs besteht darauf, daß einige Firmen nach seinen Angriffen Verbesserungen vorgenommen hätten. Ein anderer Stoßtrupp in Florida, das „Öko-Kommando 70", ist sicher, daß die Umweltschmutzkontrollen nach einer ihrer besonders erfolgreichen Veranstaltung verbessert wurden.

Flaschen und Ballons als Waffen

Die Öko-Kommandos suchten nach einer Möglichkeit, auf die Art und Weise der Abwässerbeseitigung in Miami hinzuweisen. Eine Fabrik sammelte die unbearbeiteten Abwässer und pumpte sie 3600 Meter vor der Küste in den Ozean. Dort stiegen sie an die Wasseroberfläche, weil sie mit Süßwasser befördert worden waren. Behördenvertreter hatten lange Zeit behauptet, daß die Abwässer durch bestimmte Winde und Strömungen ins offene Meer hinausgetrieben würden. Nun, die Öko-Kommandos bezweifelten dies.

In einem Boot fuhren sie bis an die Stelle, wo die städtischen Abwässer ins Meer gepumpt werden und ließen dort 700 wasserdichte Flaschen ins Wasser. Jede Flasche enthielt eine Informationsschrift und zwei vorbereitete Postkarten. Eine dieser Karten war an den Gouverneur von Florida gerichtet, die andere an den Chefredakteur der *Miami News* adressiert. Auf beiden stand folgender Text:

Diese Karte stammt aus einer Flaschenpost. Die Flasche wurde genau über dem Auslauf der Miami-Abwässer am äußeren Ende der Miami-Bucht ins Wasser gelassen. Dort werden die Abwässer von Miami unbehandelt ins Wasser geleitet. Diese Flaschenpost wurde gefunden von (Name, Adresse) in (Ort). Diese Flaschenpost wurde von denselben Winden und Strömungen getrieben, die auch die unbehandelten Abwässer bewegen. *Hier sehen Sie, wohin Miamis Abwässer treiben.*

Schon nach 12 Tagen hatte die Zeitungsredaktion 70 Karten aus den verschiedensten Ecken Floridas erhalten. Einige waren aus Vero Beach, immerhin 193 Kilometer entfernt und eine gar aus Melbourne, das 225 Kilometer von Miami entfernt liegt.

In Südkalifornien waren Kernkraftgegner auf eine ähnliche Masche verfallen. Sie wollten die Öffentlichkeit auf die Gefahren des Kernkraftwerkes Diablo Canyon hinweisen, das in der Nähe einer bekannten Erdbeben-Verwerfungslinie errichtet werden sollte. Die Gegener dieses Bauvorhabens hielten einen Tag lang Demonstrationen ab und ließen unter anderem Hunderte schwarzer Luftballons in den Himmel steigen. An jedem Ballon hing ein Zettel, der seine Wirkung auf denjenigen, der ihn finden sollte, nicht verfehlte. Die Botschaft lautete: „Wenn Sie diesen Ballon gefunden haben, dann stehen Sie genau im Abwind des Kernkraftwerks, das gerade gebaut werden soll. Wenn dort ein Unfall geschehen sollte und eine Wolke mit radioaktivem Material aus dem Werk entweicht, werden Sie und Ihr Zuhause auf ihrem Weg liegen."

Und noch ein drittes Beispiel soll die Taktiken der Öko-Kommandos veranschaulichen. Eines morgens fanden Anwohner und Touristen in verschiedenen Buchten am Strand von Miami riesige rote Schilder, auf denen folgendes zu lesen stand:
ACHTUNG – GEFAHR – VERSEUCHT – NICHT FISCHEN – NICHT SCHWIMMEN. Hier und in der näheren Umgebung wurden potentiell gefährliche Konzentrationen von pathogenen Bakterien gefunden. Schwimmer und Fischer riskieren ihre Gesundheit. BITTE DIESES SCHILD NICHT ENTFERNEN.

Beamte hatten schon bald die 800 Schilder entfernt, nicht aber, ohne daß sie erhebliches Aufsehen erregt hätten.

Diejenigen, denen es durch Öko-Kommandos an den Kragen geht, werden diese Handlungen weiterhin als unvertretbar hinstellen und die Umweltschützer, die sich auf diese Weise bemerkbar machen, für potentielle Verbrecher halten. Damit werden sie teilweise im Recht sein, aber gleichwohl wird ihnen Entscheidendes entgegengebracht. Ein Öko-Kommando beschreibt seine Situation wie folgt: „Wenn wir auch eine Reihe kleinerer Vergehen begangen haben, so halten wir doch das Risiko für angemessen. Unsere Verbrechen sind bedeutungslos im Vergleich zu den Hunderten von Verbrechen, die täglich an unserer Umwelt begangen werden. Wir sind fest davon überzeugt, daß wir um unser Leben kämpfen."

Der Fuchs trug zum Verständnis der Beweggründe bei, die bei so manchen Umweltschützern die treibende Kraft für ihre Taten werden. Mike Royko berichtete in einer Zeitung von einem Treffen verschiedener Menschen in einer Bar. Einer von ihnen war der Fuchs. Als ein anderer Barbesucher zu ihm sagte: „Sie sind aber auch wirklich ganz besessen, wenn es um unsere Umwelt geht, nicht wahr?", antwortete der Fuchs:

„Ja, das stimmt. Ich bin so verrückt mit unserer Umwelt, weil ich nicht weiß, wo ich sonst leben sollte." L.B.

Mit den Waffen der energischen Gewaltlosigkeit! Das Städtchen Wyhl liegt 4 Kilometer vom Kaiserstuhl entfernt am Rheinufer in Baden-Württemberg und zählt einige tausend Einwohner. Die ländliche Bevölkerung lebt überwiegend vom Wein- und Tabakanbau, vom Fischfang sowie von Kleingewerbe. Seit dem Ende der sechziger Jahre häufen sich in der Region die Probleme durch die Verschmutzung des Rheins und die Energieerzeugung. Das Oberrheingebiet stellt eine einzigartige Landschaft dar und weist zum Beispiel die durch ihre Artenvielfalt in Flora und Fauna bekannte Rheinaue als eines der wenigen noch verbliebenen intakten Feuchtgebiete in der Bundesrepublik auf. Feuchtgebiete sind Naturschutzgebiete erster Ordnung!

Diese beschauliche Landschaft könnte den Standort für ein Kernkraftwerk bilden, so beschloß die baden-württembergische Landesregierung im Jahre 1971, nachdem der zunächst vorgesehene Standort Breisach wegen massiver Proteste aus der Bevölkerung verworfen werden mußte. Was nicht vorausgesehen wurde: Auch in Wyhl, den umliegenden Gemeinden und im Kaiserstuhl konnte von den verschiedenen Bevölkerungsgruppen ein so bedeutsamer Widerstand aufgebaut werden, daß die Landesregierung und die Betreiber (Kernkraftwerk Süd GmbH und Badenwerk) schließlich ihre Pläne ändern mußten.

Im Gegensatz zu anderen Bürgerinitiativen zur Verhinderung von Atomkraftwerken (wie Grohnde oder Brokdorf) ist es in Wyhl in einmaliger Weise gelungen, den Kampf der ortsansässigen Bevölkerung und den der Engagierten, die von „draußen" dazu stoßen, zu integrieren. Winzer, Fischer, einfache Dorfbewohner informierten sich gründlich über die Gefahren, Wirkungsweisen und möglichen Auswirkungen eines Kernkraftwerkes. Das Argument des Ministerpräsidenten Filbinger, die Atomkraftgegner seien ausschließlich Studenten, Radikale und Linke, konnte sie nicht überzeugen, denn sie selbst gehörten ja zu den Kritikern.

Als 1971 bekannt wurde, daß der Standort für ein Kernkraftwerk im Badischen von Breisach nach Wyhl verlegt worden war, fragten sich natürlich viele Bürger, aus welchen Gründen Breisach als vorgesehener Standort wohl fallengelassen wurde. Das war der erste Ansatzpunkt für einen kritischen Blick.

Zum Hergang

Was seit 1971 schon als Gerücht bekannt ist, wird im Juli 1973 offiziell erklärt: Der Standort für ein KKW soll Wyhl sein. Die Bevölkerung teilt sich in zwei Lager. Einige erhoffen sich neue Arbeitsplätze und Verbesserungen der Infrastruktur, während andere wegen der mit Kernkraftnutzung verbundenen Gefahren eher ablehnend sind. So bildet sich sowohl eine Bürger-Initiative zur Bekämpfung der Baupläne als auch eine „KKW-Ja"-Gruppe.

In den folgenden Monaten können 100000 Unterschriften gegen den Bau des Atomkraftwerkes gesammelt werden. Die Einwände aus der Bevölkerung werden bis zum 9. 10. 1974 im Wirtschaftsministerium entgegengenommen. Der Erörterungstermin aber wird als Farce empfunden, was eine weitere Mobilisierung der Bevölkerung, die sich nun nicht mehr ernstgenommen fühlt, zur Folge hat.

Währenddessen treffen im Kaiserstuhl sowohl die KKW-Gegner als auch die Befürworter weitere Maßnahmen.

Die Regierung und die Betreiber verschicken tonnenweise Werbematerial, das von den Gegnern als mit Halbwahrheiten und Ungenauigkeiten gespickt kritisiert wird.

Am 12. 1. 1975 findet ein Bürgerentscheid statt, in dem die Bevölkerung entscheiden soll, ob das fragliche Gelände an die Betreiber verkauft werden soll. Ergebnis: 55 Prozent stimmen für den Verkauf, 43 Prozent dagegen. Die Wahlbeteiligung ist mit 98 Prozent extrem hoch.

Am 22. 1. 1975 wird die erste Teilgenehmigung erteilt.

Am 17. 2. 1975 beginnen die Bauarbeiten.

Am 18. 2. 1975 wird der Bauplatz zum ersten Mal besetzt. Am 20. 2. 1975 erfolgt die Räumung des Platzes durch eine Polizeitruppe. Später wird vernommen, daß die Polizisten zum Teil 20 Stunden vorher kein Essen mehr bekommen haben sollen und die Räumung deswegen entsprechend aggressiv und brutal verlaufen ist. Das Vorgehen der Polizei motiviert weitere Bürger. Am 23. 2. 1975 wird der Bauplatz erneut besetzt. Nun richtet man sich auf eine längere Besetzungszeit ein.

Das Verwaltungsgericht Freiburg ordnet am 21. März den Baustopp an. Trotzdem wird die Platzbesetzung aufrechterhalten. Nach den Gemeinderatswahlen im April stellen die KKW-Gegner ein Drittel des Gemeinderates.

Die nächsten entscheidenden Ereignisse geschehen im Oktober 1975. Den badisch-elsässischen Bürger-Initiativen wird für ihre engagierte Arbeit die internationale Umweltschutzmedaille verliehen. In der Dankesrede wird noch einmal das Grundprinzip des Kampfes betont:

„Wir haben zu den Waffen der energischen Gewaltlosigkeit gegriffen, die den Gegner immer zwingen, sich entweder von Grund auf zu ändern, sich zu bekehren oder sein unmenschliches, ja heuchlerisches und brutales Gesicht ans Tageslicht zu bringen."

Als der Verwaltungsgerichtshof Mannheim am 14. Oktober beschließt, mit dem Bau in Wyhl dürfe sofort begonnen werden, zeigt sich die Landesregierung verhandlungsbereit. Im November verlassen die Besetzer den Bauplatz. Er wird nun gemeinsam von den Bürger-Initiativen, der Landesregierung und den Betreibern bewacht.

Nach vier Verhandlungsrunden kommt es am 31. 1. 1976 zur „Offenburger Vereinbarung", die nur mit großen Zweifeln auf seiten der Bürger-Initiativen angenommen wird. Das Jahr 1976 ist von „Burgfrieden" gekennzeichnet. Auf beiden Seiten werden verschiedene Gutachen angefertigt.

1977 dann beginnt die Hauptverhandlung vor dem Freiburger Verwaltungsgericht. Wegen eines fehlenden Berstschutzes ist der Bau des Kernkraftwerks unzulässig, so der Gerichtsbescheid im April 1977. Landesregierung und Betreiber legen Berufung ein. Im Jahre 1982 läßt der Mannheimer Verwaltungsgerichtshof in 2. Instanz den KKW-Bau in Wyhl zu und setzt sich damit über alle fundierten Gutachten und Bedenken der kritischen Bürger hinweg.

Der Ministerpräsident von Baden-Württemberg sagt nun allerdings zu, daß nicht unverzüglich mit dem Bau begonnen, sondern zunächst mit allen Interessierten über die Folgen des Urteils gesprochen werden soll. Dieser Vorschlag ist aus zweierlei Gründen zu verstehen: Erstens soll Zeit gewonnen werden, in der Argumente überprüft und aktualisiert werden können. Die Landesregierung hofft vielleicht auch, daß der Widerstand mit der Zeit zerfällt. Zweitens hat sich die Strategie in der Atompolitik in den letzten Jahren ohnehin geändert, mehrere KKWs werden nicht weiter gebaut. In diesem Zusammenhang kommt der baden-württembergischen Landesregierung eine zeitliche Verzögerung wahrscheinlich nur recht.

Die Bauern

Hauptanbauprodukte in der Gegend um Wyhl sind Wein und Tabak.

Für beide sind das trockene, milde Klima, das Vulkangestein und der fruchtbare Löß von entscheidender

Bedeutung. Durch den Betrieb eines KKW-Kühlturms sind Veränderungen des Kleinklimas zu erwarten, zum Beispiel eine starke Zunahme der Luftfeuchtigkeit.

In den Sommer- und Herbstmonaten, wenn der Rhein relativ wenig Wasser mit relativ hoher Temperatur führt und sich also denkbar schlecht als Kühlwasser nutzen läßt, müssen die Kühltürme eingesetzt werden. Sie geben jeweils 50000 bis 85000 Tonnen Wasserdampf pro Tag ab. Diese ungeheure Wassermenge wird immer wieder zu verstärkter Nebelbildung führen, was zugleich weniger Sonneneinstrahlung bedeutet. Gerade in den Spätsommer- und Herbstmonaten aber ist dies für die Landwirtschaft gefährlich. Ein paar Stunden mehr Nebel am Tag, einige Stunden weniger Sonnenlicht können entscheiden, ob ein Wein ein Qualitätswein oder ein einfacher Tafelwein wird – für den Winzer eine Existenzfrage. Dem Tabak, der eben in diesen Monaten in offenen Scheunen zum Trocknen hängt, kann vermehrter Nebel Schimmelbefall bescheren – für den Bauern eine Existenzfrage.

Die Fischer

Der Rhein ist seit Jahrhunderten Fischfanggebiet. Früher wurden von Berufsfischern etwa 60 verschiedene Fischsorten gefangen, heute sind es durch unterschiedlichste Flußbaumaßnahmen (s.a. Band 6 der COUSTEAU-UMWELTLESEBÜCHER) sowie die starke Wasserverschmutzung (das Rheinwasser enthält über 6000 Gifte!) nur noch 20 Sorten.

Fische ziehen immer in den Teil des Gewässers, der am wärmsten ist. So können die Fischer davon ausgehen, daß die Fische bei Wyhl gerade dort stehen werden, wo das Kühlwasser mit einer Temperatur von 30° C in den Rhein gelassen wird und die Infektionsgefahr am größten ist.

Als im Rahmen einer Veranstaltung des Badenwerks ein Experte Dias zeigte, auf denen erkrankte Fische zu sehen waren, die aus dem Neckar in der Nähe des Kernreaktors Obrigheim stammten, wurde den Besuchern klar, was ein KKW für die Fischerei bedeuten kann. Nach dieser Veranstaltung wurde offiziell verboten, diese Dias zu zeigen! An den Wirtschaftsminister von Baden-Württemberg ging ein gemeinsam formulierter Einspruch der Berufsfischer. Er lautete u. a.:

„Jahrtausende ist der Rhein durch unsere schöne badische Heimat geflossen, hat seinen Anwohnern Trinkwasser und Broterwerb gegeben. Seine Ufer bieten zahllosen Menschen Erholung, seine Wälder laden zu ruhigen Mußestunden ein. All dies wird durch das unsinnige Bauvorhaben in Frage gestellt. Wir alle wissen, wie unregelmäßig die Wasserführung des Rheins ist. Dennoch soll bei ‚günstiger Wasserführung' das Atomkraftwerk im Durchlaufkühlverfahren mit Rheinwasser gekühlt werden. Das wird eine beträchtliche Erwärmung des Rheinwassers zur Folge haben.

Nach Ansicht von Wissenschaftlern bringt diese weitere Erwärmung des ohnehin schon durch Industrieabwässer stark verschmutzten Rheins die Gefahr eines biologischen Umkippens mit sich.

Unsere schönen Altwasser mit ihren Auwäldern haben in Europa Seltenheitswert. Daher wurde dieses Gebiet auch zum Landschaftsschutzgebiet erklärt. Es beherbergt viele seltene Tiere, Pflanzen und Pflanzenfamilien. Auch diese biologische Vielfalt ist von Vernichtung bedroht. Wir Unterzeichner fordern daher, daß ein international gültiger Wärmebelastungsplan für den Rhein erstellt wird. Die Radioaktivität reichert sich zudem in der Nahrungskette vom Plankton über Fische, Enten usw. auf das Millionenfache an und wird beim Aufnehmen durch den menschlichen Organismus zur inneren Strahlenquelle."

Die Kirche

Ab Mai 1974 fordert die evangelische Kirche im betroffenen Bezirk die Landesregierung auf, nicht eher zu bauen, als bis alle Sicherheitsfragen eindeutig geklärt sind.

Der Landesbischof sagt: „Verzicht auf Energiewachstum hat wahrscheinlich Rückgang des wirtschaftlichen Wachstums zur Folge. Wer die Kernenergie ablehnt, muß bereit sein zu Opfern im privaten Konsum. Zu dieser Bereitschaft könnte die Kirche ermutigen. Besser arm und gesund, als reich und krank."

Unter den Bürgern, die im Sommer 1974 Einspruch gegen den Bau des KKW einlegen, sind auch mehrere Pfarrer.

Am 11. 12. 1974 geben 29 Pfarrer und kirchliche Mitarbeiter einen offenen Brief heraus, in dem die Landesregierung aufgefordert wird, die Bauausführung des inzwischen genehmigten AKW Wyhl nicht zuzulassen, ehe von unabhängigen Wissenschaftlern aussagekräftige Gutachten zu humanmedizinischen, biologischen und radiologischen Fragen vorliegen.

Als trotz nochmaliger Mahnung die Landesregierung den Beginn der Vorarbeiten auf 17. 2. 1975 festsetzt und Filbinger die daraufhin erfolgende Platzbesetzung als von Extremisten gesteuert verteufelt, verwahren sich Kirchenleute in einem öffentlichen Telegramm:

Herrn Ministerpräsident Dr. Hans Filbinger

Die unterzeichneten evangelischen Pfarrer und Mitarbeiter des Bezirks Emmendingen weisen Sie entschieden darauf hin, daß der Protest gegen den Baubeginn für das KKW Wyhl zum großen Teil von Gliedern der Kirchengemeinden des Kaiserstuhls und der Umgebung ausgeht.

Wir verwahren uns gegen Ihre Unterstellung, daß die Besetzung des Baugeländes von bundesweit organisierten Extremisten gesteuert sei. Aus Verantwortung und in Sorge um ihre Raumschaft versuchen Bürger der umliegenden Orte zu verhindern, daß mit der Vorbereitung des Baugeländes irreparable vollendete Tatsachen geschaffen werden, bevor auch nur der Spruch des Verwaltungsgerichts Freiburg ergangen ist.

Schutz der Landschaft und der Gesundheit liegen noch mehr im Interesse der Bevölkerung als eine weitere Steigerung der Energieproduktion."

Die katholische Kirche tat sich mit einer offiziellen Stellungnahme offenbar schwerer. Wenngleich viele praktizierende Katholiken aus dem Kaiserstuhl gegen den Bau des KKW waren, so hielten sich die Kirchenvertreter doch eher auf seiten der Landesregierung. Als sich der Erzbischof von Freiburg am 3. Juli 1974 endlich dazu entschließt, ein „Wort zu drängenden Fragen der technischen Entwicklung" zu schreiben, fällt dieses ausgesprochen moderat aus. Trotzdem sind die Katholiken im Kaiserstuhl erleichtert über ein Leitwort ihres Oberhirten. Allerdings wird dieses nicht von allen Teilen der katholischen Kirche getragen, die meisten Geistlichen halten sich aus dem Konflikt um das KKW heraus.

International

Durch die Lage Wyhls im „Dreiländereck" konnten auch schweizer und elsässische KKW-Gegner in den Kampf mit einbezogen werden. Erfahrungen aus dem Widerstand gegen das gigantische KKW im französischen Fessenheim sowie gegen das geplante KKW in Kaiseraugst in der Schweiz kamen den baden-württembergischen KKW-Gegnern zugute. 1974 schlossen sich 21 Bürger-Initiativen aus dem Badischen und dem Elsaß zum „Internationalen Komitee" zusammen.

Die Bevölkerung im elsässischen Marckolsheim hatte sich zusätzlich etwa zur gleichen Zeit gegen die Errichtung eines Bleichemiewerkes zur Wehr zu setzen und fand in den Deutschen wertvolle Unterstützung. Als die französische Regierung nach langem Kampf dem Willen der elsässischen Bevölkerung nachgab, wirkte sich das natürlich auch auf die deutsche Bewegung aus. Der Kampf in Marckolsheim hatte gezeigt, daß sich Widerstand lohnt, daß es möglich ist, die von der Regierung bestimmte menschenfeindliche Industrialisierung des Oberrheingebietes zu verhindern.

Radio Verte

Eine entscheidende Funktion bei der Veröffentlichung von aktuellen Meldungen, bei der Verbreitung von unterlassenen Nachrichten sowie beim Mutmachen und Aufrütteln kam „Radio Verte" zu. Dieser freie Sender wurde am 2. Juni 1977 in Frankreich gegründet und diente zunächst den dortigen KKW-Gegnern als Medium im Kampf gegen das KKW Fessenheim.

Ab 1979 sendeten zusätzlich „Antenne Freiburg" und „Antenne Basel".

Am 30. April 1981 wurde der Sender in Radio Dreyecksland umgetauft. Über diesen Sender sollte das – oder Teile dessen – an die Öffentlichkeit gelangen, was die üblicherweise berichtenden Medien im Zusammenhang mit Kernkraftnutzung verschweigen. Aber die Aufgaben von Radio Dreyecksland sind weiter gesteckt:

„Entstanden aus den Kämpfen in Wyhl und Fessenheim, will das Freie Radio im Südwesten der Republik diesen Kampf weitertragen. Überall dort, wo uns das Leben schwergemacht wird. Somit sind die Themen der Sendungen festgelegt: Berichte über die Situation am Kaiserstuhl, der Ereignisse um Wyhl, Bekanntmachung der häufigen Unfälle im AKW Fessenheim, Aufgreifen ökologischer Probleme, Unterstützung derjenigen, die sich in der Region wehren gegen Betonpisten mit quadratisch praktischen Betonklötzen, die sich wehren im Häuserkampf oder Schülerstreik, in den Fabriken und anderswo."

Durch die geographische Lage war es Radio Dreyecksland lange Zeit möglich, aus dem Elsaß zu senden und somit straffrei zu bleiben, denn auf deutschem Boden ist freies Senden nach dem Fernmeldegesetz verboten. Die Regierung Mitterand änderte allerdings im November 1981 das französische Rundfunkgesetz, so daß Radio Dreyecksland wieder gezwungen war, von deutschem Gebiet aus zu arbeiten.

Neben der Nachrichtenübermittlung kommt freien Sendern im Kampf gegen KKWs auch die Funktion der Darstellung einer Gegenöffentlichkeit zu, die nicht unterschätzt werden darf. Beispiele gibt es inzwischen auch aus anderen Teilen der BRD:
— Als die besetzte Tiefbohrstelle 1004 in Gorleben im Juni 1980 geräumt wurde, konnte Radio Freies Wendland direkt berichten und so die verhängte Nachrichtensperre durchbrechen.
— In Hamburg entlarvte Radio Klabautermann die Vorgehensweise des Verfassungsschutzes, indem es den Polizeifunk ausstrahlte.
— Bei der riesigen Brokdorf-Demonstration im Februar 1981 hatte die Polizei an vielen Orten Sperren aufgebaut. Mit Hilfe von Radio Brokdorf wurde der Konvoi der Bremer KKW-Gegner um alle Polizeisperren herumgeleitet.

Die Volkshochschule Wyhler Wald

Nach der Besetzung des Bauplatzes wurde im März 1975 ein „Freundschaftshaus" als Zentrum und Treffpunkt für alle gebaut. In diesem Haus entstand auch die Volkshochschule Wyhler Wald, die zunächst zwei Arbeitsschwerpunkte hatte:
— Informationen zu liefern über Aufbau, Arbeitsweise und Folgen eines Atomkraftwerkes,
— etwas zur Fortsetzung der Bauplatzbesetzung beizutragen. Entsprechend lautete das Thema des ersten Abends: „Wie funktioniert ein Atomkraftwerk?"

Für die Volkshochschule Wyhler Wald wurde durch ein Flugblatt geworben, das die jeweiligen 4-Wochen-Programme ankündigte. Außerdem wurden alle Veranstaltungen am Schwarzen Brett des Freundschaftshauses angeschlagen. Des weiteren war bei dieser Volkshochschule die Mundpropaganda wichtig. Sie funktionierte, weil viele Menschen aus allen gesellschaftlichen Schichten in diese Volkshochschule kamen. Auch die Referenten waren nicht durchweg „Studierte", sondern Leute, die etwas zum Themenkomplex Kernkraft/alternative Energien/Umweltschutz zu sagen hatten und zugleich den Kampf gegen das KKW Wyhl unterstützen wollten, denn es gab weder Honorar noch Fahrgelderstattung.

Neben Fachthemen wie „Schädigungen der Pflanzenwelt durch Emissionen von KKW-Kühltürmen" oder „KKW – Pro und Contra" nahmen kulturelle Veranstaltungen wie Liederabende und Theateraufführungen einen breiten Raum ein. Besonders beliebt und deshalb stark besucht waren die sogenannten Heimatabende, in denen vorzugswiese über Themen wie „Geschichte und Kultur am Oberrhein", „Alemannen hüben und drüben" oder „Zum Kaiserstuhl" geredet wurde. Durch diese Abende konnte ein kontinuierlicher Besuch breiter Bevölkerungskreise gewährleistet werden.

Nachdem deutlich geworden war, welchen Stellenwert die Volkshochschule Wyhler Wald für die Bevölkerung und für den Zusammenhalt der Bewegung gewonnen hatte, wurde die Volkshochschule allgemein als Gegenorgan zur offiziellen Propaganda- und Informationspolitik von Landesregierung und Betreiber gesehen. Nach der Räumung des besetzten Bauplatzes wanderte sie in einem Umkreis von 50 Kilometern von Ort zu Ort, denn die Bevölkerung wollte auf die Informationen und den fruchtbaren Gedankenaustausch nicht mehr verzichten.

Auch der Zusammenschluß der badisch-elsässischen Bürger-Initiativen arbeitet ungebrochen. Die Kraft und Entschlossenheit der Bevölkerung spricht deutlich aus der 3. Erklärung, die von der Delegiertenkonferenz der badisch-elsässischen Bürger-Initiative am 2. 4. 1982 beschlossen wurde:

1. *„In Wyhl hat die Bevölkerung selber Geschichte gemacht; in Wyhl fällt die Entscheidung über unsere Zukunft.*

2. *Vor 12 Jahren* haben eine Handvoll Leute ohne Macht und Mandat die Anschläge der Atomindustrie auf unsere Region am Oberrhein aufgedeckt.

Vor 10 Jahren hatte der spontane Zusammenschluß von Winzern, Wissenschaftlern und Studenten schon soviel Kraft, daß die Regierung gezwungen war, auf ein Atomkraftwerk in Breisach zu verzichten.
Vor 8 Jahren haben wir uns notgedrungen selbst organisiert, und zwar quer zu allen Parteien und Weltanschauungen, in der Föderation der badisch-elsässischen Bürgerinitiativen. Im August 1974 haben wir aus guten Gründen ‚beschlossen, der Gewalt, die uns mit diesem Unternehmen angetan wird, solange unseren passiven Widerstand entgegenzusetzen, bis die Regierung zur Vernunft kommt' (aus der Erklärung der 21).
In den folgenden acht Jahren haben wir, die betroffene Bevölkerung der Region, bewiesen, daß wir uns selber schützen können, wenn wir Verantwortungsgefühl bewahren und demokratisches Selbstbewußtsein, Phantasie und langen Atem.
Von Wyhl ging eine demokratische Hoffnung aus und die Erkenntnis, daß die Menschen nicht zwangsläufig ihre Lebensgrundlagen zerstören müssen.
Das ist unsere Geschichte.

3. In all den Jahren haben wir Opfer gebracht, die nicht meßbar sind: Sehr viel Zeit, Arbeitszeit, Lebenszeit; Kraft, Nerven und Gesundheit; Unsummen von schwer erarbeitetem Geld; wir haben um der Sache willen auf vieles verzichtet; wir haben staatliche Arroganz erlebt, Beleidigungen und Demütigungen; wir kennen Hausdurchsuchungen, Verhöre, Androhung des beruflichen Ruins und auch nackte Polizeigewalt.
Wer so lange gekämpft und so viel eingesetzt hat, läßt seine Sache nicht im Stich, wenn der Wind rauher wird.

4. **Nicht wir haben die Rechtsstaatlichkeit in Frage gestellt, sondern die Richter in Mannheim.** Dieser Prozeß hat nicht der Wahrheitsfindung gedient, sondern den Interessen der Atomindustrie. Wir haben versucht, auch vor Gericht unser Grundrecht auf Leben und Gesundheit einzuklagen; in Mannheim hat man unsere Klage vom Tisch gewischt.

5. *Nicht wir haben die Amtsautorität der Regierung in Frage gestellt, sondern die Ministerpräsidenten des Landes Baden-Württemberg.*

Der erste hat sich dem Gelächter preisgegeben, als er für 1980 die große Dunkelheit prophezeite; er hat noch so manches prophezeit, zum Beispiel auch, daß Atomstrom Arbeitsplätze sichere, obwohl er selber wußte, daß die Industrie mit Hilfe des Atomstroms Arbeitsplätze wegrationalisieren will.

Der zweite hat heute noch, drei Jahre nach Harrisburg, die Stirn, den Bau eines Atomkraftwerkes zu vergleichen mit dem Bau eines schwäbischen Einfamilienhauses! Jetzt droht er uns, in Südbaden als Eroberer einzumarschieren, bloß um zu beweisen, daß er erfolgreicher und stärker ist als sein Kollege und Konkurrent Ernst Albrecht in Niedersachsen.

6. Die Regierung in Stuttgart behauptet, Südbaden sei noch unbelastet von Atomkraftwerken. Sie ist also offenkundig blind.

Denn unser Lebensraum hört nicht an der Landesgrenze auf. Wir leben seit 5 Jahren im Schatten des rissigen AKW *Fessenheim. Kaiseraugst, Leibstadt, Schwörstadt* bedrohen uns genauso wie Wyhl. Deutsche, schweizerische und französische Betreiber machen überall in unserer Region nationalistische Propaganda, um dann ein AKW hinter das andere an den Oberrhein zu setzen. *Eine Landesregierung, die unsere regionalen Interessen für dieses nationalistische Wettrennen opfert, ist nicht mehr kompetent für unsere südbadische Heimat.*

Wir beharren auf der Forderung, daß der Gefahrenherd in Fessenheim stillgelegt wird. Und wir, also Badener und Elsässer gemeinsam, würden selbstverständlich ein Atomkraftwerk in Marckolsheim verhindern, auch wenn uns dann die Stuttgarter Regierung wieder im Stich läßt wie am 20. September 1974 (Besetzung gegen das Bleiwerk in Marckolsheim).

7. Sollte die Stuttgarter Regierung den Bau des Atomkraftwerks in Wyhl mit Gewalt erzwingen wollen – und

das heißt heute nicht mehr nur Wasserwerfer, sondern auch Giftgas gegen das eigene Volk! –, sollte also den Landfrieden am Kaiserstuhl brechen, dann betrachten wir die einmarschierenden Truppen als Besatzungsarmee.
Wir werden uns dennoch auf keine ‚Schlacht um Wyhl' einlassen; von uns ist noch niemals Gewalt ausgegangen. Aber wir werden uns in der gesamten Region mit den Mitteln des gewaltfreien Widerstandes zur Wehr setzen; eine Bevölkerung, die zum Äußersten getrieben wird, verweigert den Gehorsam, hört auf, als Stimmvieh zu funktionieren; wir sind z. B. zahlreich genug, um die Grenzübergänge von Straßburg bis Basel von beiden Seiten zu verstopfen ...
Wenn Börners und Stoltenbergs Gewaltstrategie in Stuttgart Schule macht, wird Südbaden unregierbar, und zwar solange, bis die Regierung ihre Truppen aus Wyhl abzieht.

       8. *Noch ist es nicht zu spät.* Noch können Politiker auf kommunaler, Landes- und Bundesebene verhindern, daß Wyhl zum Prestigeobjekt einer gewissenlosen Machtpolitik wird.
Aber wir erklären, daß wir kein Recht haben, den Widerstand aufzugeben; wir tragen auch die Verantwortung für unsere Kinder. Und wir wollen uns später einmal nicht auf einen Befehlsnotstand herausreden. Niemand kann uns von hier vertreiben, denn hier sind wir zu Hause. Und wir haben einen langen Atem.

       9. *In Wyhl haben wir Geschichte gemacht; in Wyhl entscheiden wir über unsere Zukunft."*   E. M.

Quellen: „Whyl – betroffene Bürger berichten", Inform-Verlag Freiburg 1976; „Wyhl – der Widerstand geht weiter", Bund für Umwelt und Naturschutz Deutschland, Freiburg 1982; „Was wir wollen", Zeitung der badischen und elsässischen Bürger, Freiburg; „Wyhl-Sondernummer" der Stadtzeitung für Freiburg, Freiburg; „Wyhl-Infos", herausgegeben von der Freiburger Bürgerinitiative gegen Kernenergieanlagen; Ebert/Sternstein/Vogt: „Ökologiebewegung und ziviler Widerstand, Wyhler Erfahrungen", Aktionsforscher berichten, o. J.; sowie Flugblätter und Presseverlautbarungen der badisch-elsässischen Bürger-Initiativen, Hauptstr. 53, 7831 Weiswil, und des Bund für Umwelt und Naturschutz Deutschland (BUND), Landesgeschäftsstelle, Erbprinzenstr. 18, 78 Freiburg.

Europa und Amerika: Unterschiede

Anmerkung des Herausgebers: Der Direktor der britischen Sektion von Friends of the Earth (Freunde der Erde), Thomas Burke, reiste 1979 drei Monate lang quer durch die USA, um sich die Umweltschutzbewegung auf der anderen Seite des Atlantiks genau anzusehen. Im folgenden Artikel, der zuerst in Not Man Apart, einem Blatt der Organisation, erschien, beschreibt Burke seine Beobachtungen der Unterschiede und Ähnlichkeiten zwischen der Situation in Europa und in den Vereinigten Staaten. Er fand interessante Unterschiede in der politischen Landschaft der beiden Kontinente. Als Folge davon organisieren sich die Umweltschützer entsprechend unterschiedlich, je nach den Gegebenheiten.

Der augenfälligste Unterschied zwischen Amerika und Europa ist der extrem niedrige Informationsstand in der Öffentlichkeit. Dafür gibt es diverse Gründe: Zum einen sind in Europa die Gesetze, die Unternehmen zur Aufdeckung ihrer „Betriebsgeheimnisse" verpflichten, schwächer als in den USA, die Verunglimpfungsgesetze und Verleumdungsgesetze dagegen schärfer. Ein aufrechter Untersuchungsjournalismus wird hierdurch nicht eben ermutigt. Die Pressefreiheit ist nicht in allen europäischen Ländern in der Konstitution verankert. Die akademische Gemeinde ist kleiner und wird weniger großzügig finanziell unterstützt. Daher ist die Bereitschaft zum Einlassen auf eventuell kontroverse Fragen gemindert. Am wichtigsten jedoch: In Europa haben wir kein Äquivalent zum *Freedom of Information Act* (Gesetz zur Informationsfreiheit) – im Gegenteil; in einigen europäischen Staaten existiert ein Gesetz zur Wahrung der Dienstgeheimnisse, das unauthorisierte Veröffentlichungen offizieller Informationen ausdrücklich untersagt.

Wir dienen verschiedenen Herren

Zusätzlich zu diesen formalen Unterschieden, die gewisse Hemmschwellen in Europa darstellen, zeigt die Öffentlichkeit eine andere Einstellung, die diese Haltung unterstützt. Als wichtigster Aspekt muß hier genannt werden, daß die Beamten in Europa dazu neigen, sich als Repräsentanten der Autorität, als Verkörperung des Staates zu sehen – und von der Öffentlichkeit auch so gesehen werden. In Amerika dagegen sehen sich die Angestellten des öffentlichen Dienstes viel eher als das, was sie sind: im Dienste der Öffentlichkeit stehend. Diese unterschiedlichen Haltungen haben ganz verschiedene Reaktionen auf seiten der Beamten und ganz verschiedene Erwartungen auf seiten der Umweltschützer zur Folge. Kaum ein französischer Umweltschützer würde es wohl für sinnvoll halten, im Quai d'Orsay einmal nachzufragen, wie es denn mit der Haltung der französischen Regierung z. B. zu der bevorstehenden Überprüfung der Atomsperrverträge bestellt ist. Diese mangelnde Informiertheit der Öffentlichkeit führt zu einer Unterdrückung fundierter Gespräche und zu polarisierten Meinungen.

Diese Dynamik wird in Europa gestärkt durch das Vorherrschen einheitlicher Regierungen, in denen legislative und exekutive Funktionen zusammenlaufen. Die Juristen spielen nur eine untergeordnete Rolle, wenn es darum geht, die Richtlinien der Politik zu definieren. Im Bereich der politischen Entscheidungen und der Kontrolle sind europäische Parlamente im allgemeinen schwächer als der amerikanische Kongreß. Aufgrund einer viel größeren Parteidisziplin ist dem einzelnen Abgeordneten weniger Spielraum für Gesetzes-Initiative gegeben.

In Europa finden wir nur wenige den halböffentlichen Einrichtungen Amerikas vergleichbare Institutionen wie die Atomenergie-Kontrollbehörde oder die Umweltschutzbehörde. Der Zugang zu den Gerichten ist erschwert und die Gerichtsbarkeit versteht sich eher als Verwalter der Gerechtigkeit denn als Ausleger des Gesetzes. Kurz gesagt, die Möglichkeiten der Umweltschützer, sich helfend in den Prozeß der politischen Entscheidungen einzubringen, sind in Europa viel schlechter als in den USA.

Gesetze oder Weißbücher?

Die oben beschriebene unterschiedliche Verfügbarkeit von Möglichkeiten, die Politik zu beeinflussen, hat zu unterschiedlichen Vorgehensweisen der amerikanischen und europäischen Umweltschützer geführt. Zur Charakterisierung kann man vergleichen, wo die einzelnen Gruppen ihre Rolle und Aufgabe sehen. Amerikanische Umweltschützer haben sich in der Hauptsache darauf konzentriert, eine starke Wand völlig legaler Beschränkungen gegen bestimmte Praktiken der Wirtschafts- und Energiepolitik zu errichten, um zu verhindern, daß diese Kräfte immer weiter Umweltzerstörung betreiben können. In den USA führen Gesetzeserlasse durch den Kongreß die mittlere politische Ebene häufig zu großen Siegen auf dem

Gebiet der Legislative – so bei dem Gesetz zur Reinhaltung der Luft (Clean Air Act), dem Gesetz zur Reinhaltung des Wassers (Clean Water Act) oder dem Atomsperrvertrag (Nuclear Non-Proliferation Act). Häufig ändern sich Einstellungen unter den Menschen, um sich dem Gesetz anzupassen.

In Europa hinkt das Gesetz eigentlich immer hinter den Einstellungen der Menschen hinterher. Deshalb müssen bei uns zunächst die Haltungen einer bestimmten Frage gegenüber verändert werden, bevor eine Gesetzesinitiative überhaupt eingebracht werden kann. Amerikanische Umweltschützer verweisen auf die umfangreichen Umweltschutzgesetze, wenn es um die Erfolge in den letzten zehn Jahren geht. Auf dieselbe Frage antworten europäische Umweltschützer, indem sie auf die Veränderungen bei den Regierungsausgaben, auf Resolutionen von Parteitagen, auf Weißbücher der Regierungen verweisen.

Dramatische Konfrontation contra Ausgleich

Die amerikanischen Umweltschützer haben sich ausdrücklich auf eine Veränderung der Gesetze konzentriert. In verschiedener Hinsicht führt dies zu einem eher kontroversen Stil in der Umweltpolitik: Die Grenzlinien sind klar gezogen, das Schlachtfeld ist abgesteckt und der Ton der öffentlichen Auseinandersetzungen, die große Gesetzesvorhaben begleiten, ist eindeutig feindselig. In Europa wird viel seltener von Gewinnen oder Verlieren gesprochen. Aus europäischer Sicht, sozusagen aus der Grauzone der zähen Verhandlungen um Einzelheiten und Kleinigkeiten, eingebunden in eine Politik des Konsens sind die Vorteile der amerikanischen offensiveren Herangehensweise sehr einleuchtend. Gleichwohl haben Tempo und Schärfe der amerikanischen Auseinandersetzung auch einen betörenden Aspekt. Allmählich wird deutlich, daß gegen die Mauer der Gesetzesmaßnahmen immer mehr Druck von einer in die Enge getriebenen Wirtschaft aufgefahren wird.

Wenn die Umweltschützer in den USA weiterhin so erfolgreich kämpfen wollen wie bisher, dann müssen sie unter Umständen mehr Energie auf die zähe Aufgabe des Bewußtseinswandels der Öffentlichkeit verwenden als bisher. Entsprechend müssen sich die Umweltschutzgruppen in Europa überlegen, ob sie nicht mehr Kraft in Strukturprobleme wie die Freiheit der Information oder die Ausschußstruktur der europäischen Parlamente investieren sollten.

Weitere große Aufgaben

Was mir als Gemeinsamkeit unter den Umweltschutzgruppen dies- und jenseits des Atlantik erscheint, ist die Unsicherheit über die Zukunft. In der gesamten westlichen Welt ist der Umweltschutz in den vergangenen zehn Jahren zu einem der Hauptproblembereiche der Politik geworden. Umweltschützer auf beiden Seiten des Ozeans haben beträchtliche Erfolge erzielt. Auf beiden Kontinenten allerdings wenden sich die Unterstützerkreise allmählich anderen Fragen zu. Der politische Preis für das Erreichte steigt angesichts einer sich verschlechternden wirtschaftlichen Lage. Hier wie dort wird die Notwendigkeit einer außerparlamentarischen Umweltschutzbewegung anerkannt. Gleichwohl ist es an der Zeit, unseren Standpunkt und unseren Stellenwert zu überprüfen: Was haben wir zu den großen Fragen unserer Zeit wie Arbeitslosigkeit und Inflation zu sagen? Wir müssen herausfinden, welchen Anteil wir an der Lösung der Probleme übernehmen können, die die sich zuspitzende Krise der westlichen Demokratien mit sich bringt.

Nachdruck aus: Not Man Apart, Januar 1980. M. frdl. Gen. Friends of the Earth.

Das Beispiel Boehringer. Am 18. 6. 1984 stellte das Chemiewerk C. H. Boehringer im Hamburger Stadtteil Billbrook die Produktion ein. Über 30 Jahre lang waren hier Insektenschutzmittel hergestellt worden, bei deren Produktion Dioxin abfiel.

Sicherlich verdanken wir die Schließung dieses Werkes einer ganzen Reihe von Faktoren: der Anfang letzten Jahres verstärkt geführten Diskussion um das Ultragift Dioxin, dem Skandal um die Hamburger Giftmülldeponie Georgswerder, den ausführlichen Fernsehberichten über Georgswerder, der Arbeit der GAL-Fraktion in der Hamburger Bürgerschaft ... Aber ohne die langjährige sorgfältige Informations- und Aufklärungsarbeit der Umweltgruppen vor Ort – der Bürgeraktion Moorfleet und der Chemiegruppe Bergedorf – wäre die Entscheidung der Hamburger Umweltbehörde, das Werk zu schließen, wenn bestimmte Auflagen nicht innerhalb einer gewissen Zeit erfüllt werden, gewiß nicht so schnell gefallen.

Beide Gruppen bilden sich im Jahre 1979. Da hat das Chemiewerk allerdings schon eine traurige Geschichte: „Der Chemie- und Pharmakonzern Boehringer-Ingelheim betreibt seit 1923 in Hamburg-Billbrook eine Chemiefabrik ... Wie aus alten Polizeiberichten hervorgeht, ist die Firma schon damals dadurch aufgefallen, daß sie mit ihren Abwässern in den umliegenden Gewässern Fischsterben verursachte. In den Jahren 1951 und 1952 wurden auf dem Werksgelände neue Produktionsanlagen errichtet, die zur Herstellung von Insektiziden und sogenannten Unkrautvernichtungsmitteln dienen." Damit beginnt die eigentliche Kette der „1,2,3,4 ... vielen Skandale" um Boehringer.

1951 wird die Produktion von HCH (Hexachlorcyklohexan) aufgenommen, 1954 die Produktion von 2,4,5-T (Trichlorphenoxyessigsäure). Bei beiden Produkten entsteht ein Nebenprodukt: 2,3,7,8-Tetrachlordibenzdioxin (TCDD), als Seveso-Gift hinlänglich bekannt. Bereits 1952 und 1954 kommt es bei Boehringer zu TCDD-Unfällen, 31 Arbeiter erkranken an Chlor-Akne.

1979 nimmt die Chemiegruppe Bergedorf, zuerst als Arbeitsgruppe Chemie der Bergedorfer „BI gegen Atomanlagen", ihre Arbeit auf. Direkter Anlaß ist die Tatsache, daß die Bundesforschungsanstalt für Milchwirtschaft bei Milch aus den Vier- und Marschlanden (landwirtschaftliche Nutzgebiete direkt neben Boehringer) eine bis zu achtfach über den zulässigen Werten liegende HCH-Konzentration feststellt. Kurz darauf meldet die Presse ein rätselhaftes Kälbersterben im „Giftgebiet". HCH wird im Grundwasser einer Mülldeponie festgestellt, hohe HCH-Werte auch im Gras und Gemüse von Moorfleet und Billwerder (ebenfalls in der unmittelbaren Umgebung von Boehringer).

Ungefähr um diese Zeit bildet sich auch die Bürgeraktion Moorfleet. Beide Gruppen bemühen sich um Informationen über die Vorkommnisse in der Nähe des Chemiewerks, machen immer wieder die Öffentlichkeit und die verantwortlichen Behörden auf die Zusammenhänge zwischen der Produktion bei Boehringer und den Umweltskandalen in der unmittelbaren Nähe des Werkes aufmerksam. Zunächst ohne großen Erfolg. Der Hamburger Senat und die verantwortliche Behörde für Bezirksangelegenheiten, Naturschutz und Umweltgestaltung (BBNU) sind nicht bereit, einzugreifen.

Deutlich wird dies z. B. an den Vorkommnissen um den Obst- und Gemüseanbau in den Vier- und Marschlanden: Bereits im März 1979 warnt die Hamburger Verbraucherzentrale vor dem Genuß der Produkte aus dieser Gegend; Boehringer kauft diese daraufhin in großem Umfang auf. Erst jetzt nennt die BBNU Boehringer auch als Verursacher für die Verseuchung der Lebensmittel. Boehringer erklärt sich bereit, die Bauern zu entschädigen, wenn diese dafür einen Prozeß gegen das Bezirksamt Bergedorf führen, das ein Verbot der Vermarktung von Obst und Gemüse aus diesem Raum verfügt hat. Als Reaktion fordert die SPD-Fraktion der Bergedorfer Bezirksversammlung den Hamburger Senat auf: „... die Gemüse- und Kleingartenflächen in gewerbliche Flächen umzuwandeln, wenn weitere Untersuchungen ergeben, daß die Belastungen durch HCH nicht kurzfristig zu beseitigen sind." (BZ 3.7.79) Ende 1983 entscheidet ein Gericht, daß das umstrittene Gemüse wieder auf den Markt kommen darf, die Gerichtskosten zahlt Boehringer. An der Vergiftung des Gemüses hat sich nichts geändert, dafür sind die zulässigen Höchstwerte heraufgesetzt worden.

Inzwischen ist auch bekannt, daß das Grundwasser in der unmittelbaren Umgebung des Werkes HCH-haltig ist, daß es im Moorfleeter Kanal, in den teilweise Abwässer der Chemieproduktion eingeleitet werden, immer wieder zu Fischsterben kommt. Die Chemiegruppe Bergedorf macht die zuständigen Behörden wiederholt darauf aufmerksam, läßt eigene Untersuchungen und Messungen vornehmen, weist auf die Gesundheitsgefährdung für die Menschen aus der Umgebung hin. Erst einmal trifft sie auf taube Ohren. Menschen, die sich auf HCH-Rückstände in ihrem Fettgewebe untersuchen lassen wollen, werden von den Behörden abgewiesen, dafür wird im August 1979 bekannt, daß Patienten des Allgemeinen Krankenhauses Bergedorf heimlich Gewebeproben entnommen werden. Umweltsenator Curilla weiß davon angeblich nichts, obwohl ihn die Chemiegruppe in einem Brief darauf hingewiesen hat.

Ein Skandal folgt auf den anderen: Zufällige Messungen bei Boehringer ergeben im September einen 15fach überhöhten Benzolausstoß; kurzfristig wird eine Schließung des Werkes erwogen. Aber schon nach wenigen Tagen ist klar, daß weiterproduziert werden darf: Boehringer schaltet einen Nachbrenner ein, der den Benzolausstoß um 80 Prozent verringern soll. Trotzdem liegen die Werte höher als eigentlich erlaubt ist, der Brenner wird nachts ausgeschaltet, und die Firma hält sich nicht an die verordneten Meßvorschriften. Das alles bleibt jedoch ohne Folgen.

Dank der guten Informationsarbeit der beiden Umweltgruppen und aufgrund der immer neuen Skandale ist Boehringer in Hamburg zu einem Begriff geworden. Viele Menschen wissen, wie sehr das Werk das Grundwasser, die landwirtschaftlichen Nutzflächen und das Leben der Bewohner nicht nur von Bergedorf bedroht. Als Anfang des Jahres 1980 die „Interessengemeinschaft Grundwasser Nordheide" ihre Arbeit gegen den geplanten Bau einer Wasserleitung aus der Heide nach Hamburg aufnimmt, wird auch klar, daß die Hansestadt unter anderem deswegen Wasser aus der Heide benötigt, weil zwei ihrer Brunnen in den Vier- und Marschlanden liegen und HCH in ihnen gefunden wurde. Dennoch geschieht weiterhin nichts.

Am 24. Juni 1981 besetzen zwei Mitglieder der Umweltschutzorganisation Greenpeace den Werkschornstein von Boehringer, müssen aber nach 24 Stunden aufgeben, weil die Anlage nicht abgeschaltet wird und die Abgase ihre Gesundheit gefährden. Diese Aktion sorgt noch einmal für bundesweite Öffentlichkeit.

Erst 1983 zeigen sich erste Erfolge der jahrelangen Arbeit. Am 5. Mai 1983 kündet die Werksleitung von Boehringer in einer großen Anzeige (*Die Welt*, 5. 5. 1983) an, sie werde die Produktion von T-Säure einstellen. Auslöser war die europaweite Suche nach den Giftfässern von Seveso, in deren Verlauf auch Boehringer unter Beschuß geriet: Die Firma war angeblich nicht in der Lage, den Verbleib ihrer Abfälle aus den Jahren 1951–1970 nachzuweisen. Die Bürgeraktion Moorfleet schreibt zur Einstellung der T-Säure-Produktion: „... Als einzige Begründung wird der Beschluß des Bundesrates vom 29. 4. 83 genannt, keine Dioxin-Transporte mehr zu genehmigen. Diese Begründung ist falsch. Der Bundesratsbeschluß hat ausdrücklich Ausnahmeregelungen vorgesehen. Die Einstellung der T-Säure-Produktion hat andere Gründe: ... Boehringer ist vor der jahrelangen konsequenten Kritik der örtlichen Bürgerinitiativen zurückgewichen. Gleichzeitig wird durch die Einstellung der T-Säure-Produktion Imagepflege betrieben, um die Pharma-Produkte Boehringers zu schützen." Dazu muß bedacht werden, daß gerade in dieser Zeit zu einem weithin beachteten Boykott der Produkte der Firma Hoffman La Roche – Eignerin des Chemiewerks von Seveso – aufgerufen wurde.

Ein Stein ist ins Rollen gekommen. Danach folgen die Skandale Schlag auf Schlag – und eine breite Öffentlichkeit nimmt sich des Themas Boehringer an: 1983 wird die Firma auf Initiative der Chemiegruppe Bergedorf vom Internationalen Wassertribunal in Rotterdam wegen der Verunreinigung des Grund- und Oberflächenwassers verurteilt. Ebenfalls 1983 wird bekannt, daß das Dioxin, das aus der Hamburger Mülldeponie Georgswerder sickert, unter anderem aus Boehringer-Abfällen stammt. Anfang 1984 wird festgestellt, daß das Betriebsgelände von Boehringer durch TCDD verseucht ist, und zwar viermal so stark wie die Zone A in Seveso. In Hamburg schließen sich verschiedene Umweltgruppen zusammen, um eine Stillegung des Werkes durchzusetzen. Es wird zu einem Boykott der Boehringer Pharmaerzeugnisse aufgerufen. Immer mehr Gruppen beteiligen sich, als bekannt wird, daß in Hamburg und Umgebung der Dioxin-Gehalt der Muttermilch wesentlich höher liegt als im übrigen Bundesgebiet und daß im Osten Hamburgs eine erhöhte Zahl von Mißbildungen bei Kindern festzustellen ist, wobei die Mißbildungssymptome die gleichen sind wie in Seveso und Vietnam. Am 13. April 1984 wird das Chemiewerk einige Stunden lang blockiert; aufgerufen haben die verschiedensten Umweltgruppen.

Erst jetzt entschließt sich die Umweltbehörde angesichts der Empörung der Öffentlichkeit dazu, die Behauptung der Werksleitung, seit dem Stopp der T-Säure-Produktion falle im Werk kein Dioxin mehr an, mit eigenen Messungen zu überprüfen (bisher hatte man sich auf die Meßwerte der Firma verlassen). Das Ergebnis übertrifft die schlimmsten Erwartungen. Nunmehr muß auch der Umweltsenator Maßnahmen ergreifen, und Boehringer wird die Stillegung angedroht, falls nicht innerhalb einer sehr kurzen Zeit strenge Auflagen erfüllt werden. Dazu ist das Werk nicht in der Lage, und so wird am 18. 6. die Produktion eingestellt.

Ohne die Bemühungen der Umweltgruppen vor Ort wäre solch ein schnelles Ende nicht denkbar gewesen. Ihre zähe und ausdauernde Arbeit sorgte dafür, daß Boehringer schon vor den Skandalen der beiden letzten Jahre in aller Munde war. Als die Diskussion um Dioxin begann, wußte man in Hamburg bereits, was Boehringer ist. Auf diesem Wissen konnte man aufbauen und schnell zum Handeln kommen. Die Stillegung des Chemiewerkes Boehringer zeigt, wie sinnvoll und notwendig die jahrelange, teilweise sehr unspektakuläre Arbeit der Umweltgruppen gewesen ist. Das sollte uns Mut machen, selbst solche Arbeit aufzunehmen. Die Chemiegruppe Bergedorf schreibt dazu: „Letztendlich bewirkt nur der Druck von außen Veränderungen in der chemischen Landschaft. ... Wir würden es als besonderen Erfolg ansehen, wenn Leser/innen über das Lesen unserer Broschüre hinaus selbst aktiv werden. Denn Boehringer ist nur ein Beispiel von vielen." D. D.

Quellen: Chemiegruppe Bergedorf: „Chemiestadt Hamburg: Angeklagt Boehringer vor dem Internationalen Wassertribunal Rotterdam", Hamburg 1983; Bürgerinitiative Bergedorf: „Chemiestadt Hamburg: zum Beispiel Boehringer", Hamburg, 1980; Bürgeraktion Moorfleet: Der Boehringerskandal, „Ein Dorf wird aktiv", Hamburg, 1979; Die Tageszeitung 7. 6. 1984 und 8. 6. 1984.

Organisiert Euch!

Jammert nicht, tut 'was!

Im Jahre 1915 wurde in Utah der legendäre Arbeiterführer Joe Hill von einem Exekutionskommando erschossen; als Strafe für einen Mord, den viele für ein Komplott der Kupferminenbesitzer hielten. Am Tag seiner Hinrichtung soll Joe Hill ein Telegramm an die Hauptniederlassung seiner Gewerkschaft in Chikago geschickt haben. Der Text sagte schlicht: „Jammert nicht, tut 'was!" Später wurde dieser markige Aufruf der Refrain eines Kampfliedes der Arbeiterbewegung und eine Ermutigung für Millionen, die für eine bessere Welt kämpften. In diesem Kapitel der COUSTEAU-UMWELT-LESEBÜCHER wollen wir uns Joe Hills Schlachtruf zu Herzen nehmen und untersuchen, welche Schritte von der Sorge um unsere Umwelt zu einem organisierten Kampf für den Umweltschutz führen.

Wir haben vier erfahrene Aktivisten aus dem Umweltschutzbereich gebeten, ihre Erfahrungen und Meinungen zum Aufbau einer Umweltschutztruppe, zum Erhalt von Spenden und zum Tragen und Weiterführen einer Gruppe mitzuteilen. Der abschließende Artikel „Die Bündnisbildung" berichtet von mehreren Umweltschutzkampagnen, die quer durch die Vereinigten Staaten reichten – einige mit mehr, andere mit weniger Erfolg – und beleuchtet die entscheidenden Punkte, die wir aus den Situationen lernen können.

Die hier zusammengetragenen Gedanken stellen sicherlich nicht das letzte Wort zum Thema Spenden, Organisieren, Aufbauen und Durchführen einer Kampagne dar – darüber könnte eine vielbändige Enzyklopädie geschrieben werden –, aber sie bieten doch interessante Aspekte für all diejenigen, die selbst mit einem Umweltschutzprogramm befaßt sind, und für diejenigen, die einfach wissen wollen, wie solche Gruppen funktionieren. B.P.B.

Es geht los

Anmerkung des Herausgebers: Es hat etwas von einer archäologischen Abenteuerreise, wenn man bei Mary Mushinsky die verschiedenen Stapel von Flugblättern, Akten und Berichten durchsieht, die sie in den vergangenen sechs Jahren ihres Umweltschutz-Engagements gesammelt hat. Jeder Stapel enthüllt eine der großen Fragen, mit denen sie sich während dieser Zeit herumgeschlagen hat: Schutz der Feuchtgebiete, die „Flaschenschlacht", die Erhaltung von Nutzland, Müllverwertung usw. Mary Mushinsky hat als Vollzeitkraft für die größte Umweltschutzgruppe in Connecticut gearbeitet. In dem folgenden Artikel beschreibt sie ihre vorerst letzte Schlacht.

Roberta Friedman, Ehefrau eines Arztes in der Kleinstadt North Haven, entdeckte eines Tages im Jahre 1979, daß in dem kleinen, ruhigen Ort, den sie als idealen Lebensraum für sich und ihre Kinder ausgesucht hatte, auf einem nahegelegenen Überschwemmungsgebiet ein riesiges Einkaufszentrum errichtet werden sollte. Gleichzeitig fanden Alma Engels und andere Nachbarn von Roberta Friedman heraus, warum der Bezirksregierung soviel daran gelegen war, ihre Häuser für unbewohnbar zu erklären: Dann nämlich könnten sie abgerissen und die Zufahrtstraße zum Einkaufszentrum erweitert werden.

Roberta telefonierte mit allen Besorgten und arrangierte ein erstes Treffen in ihrem Haus. Was sollten sie tun? Womit mußte man anfangen? Die Versammelten tasteten sich langsam vorwärts auf der Suche nach der richtigen Widerstandstaktik.

1. Konkretisierung des Problems

Roberta und Alma waren sich schnell darüber einig, wo das Problem lag: Sie sahen das Einkaufszentrum ganz eindeutig als eine Gefahr für ihre Häuser und ihre kleine Stadt an. Und selbst für Außenstehende schien die Einkaufsstraße das geeignete Objekt einer Bürgerinitiative zu sein, denn es erfüllte vier Bedingungen:

Es war aktuell. Es war bekannt, daß der Spekulant kurz vor dem Abschluß der Verträge stand.

Es bewegte die Menschen sehr stark. Die ganze Gemeinde, die umliegenden Feuchtgebiete, ja selbst die eigenen Grundstücke waren in Gefahr.

Viele Menschen konnten sich dem Protest anschließen. Mehrere hundert Haushalte würden unter den Auswirkungen des Einkaufszentrums – erhöhtes Verkehrsaufkommen, mögliche Überflutungen – leiden.

Die Grenzen waren klar. Dem Bodenspekulanten auf der einen Seite mit dem Wunsch nach Profitmaximierung standen die Einwohner gegenüber, die den Charakter ihrer kleinen Stadt erhalten wollten.

2. Die Masse macht's

Die ursprünglich besorgten sieben oder acht Bewohner von North Haven mußten sich als erstes um Rückendeckung bemühen, denn kein gewählter Vertreter würde sich ernsthaft mit den Sorgen einer so kleinen Gruppe abgeben. Gegen einen Gegner wie diesen Spekulanten konnten nur viele Menschen gemeinsam zu Werke ziehen.

Um Unterstützung zu finden, wurden verschiedene Techniken angewandt. Haustreffen fanden regelmäßig bei den Mitgliedern des „harten Kerns" statt. Bei Erfrischungen und stärkenden Reden trafen sich etwa 15 Leute aus der Nachbarschaft. Photos und Dias von dem Gebiet, das durch das Einkaufszentrum zerstört werden würde, wurden gezeigt. Die Aktivsten hielten Reden vor Clubs und anderen Zusammenkünften. Unterschriftenlisten gegen das Einkaufszentrum wurden von Haus zu Haus gereicht. Die aktive Gruppe ließ ein Informationsblatt über das geplante Einkaufszentrum und über die Gruppe drucken, die sie gerade gründeten. Sie forderten die Leute auf, sich mehr Informationen zu besorgen. Bei jeder Veranstaltung – Haustreffen, Diavortrag, Unterschriftensammeln – war es immer das Hauptziel, neue Namen zu sammeln und die Gruppe zu vergrößern.

3. Eine ständige Präsenz organisieren

Eine neue Organisation macht sich einen Namen dadurch, daß sie sich den Ruf erarbeitet, die am besten informierte Informationsquelle zu einem bestimmten Fragenkomplex zu sein. Sie muß vor den Behörden und vor der Presse mit fundierten Informationen sichtbar sein. Nach dem Erringen von Siegen muß sie auf öffentlicher Anerkennung beharren.

Die Gruppe entschied sich für den Namen „Stop the Mall" (Stoppt das Einkaufszentrum). Dann wurden mehrere Gruppenmitglieder dazu verpflichtet, alle nur denkbaren ökonomischen, umweltpolitischen und sozialen Daten im Zusammenhang mit dem betroffenen Gebiet zu sammeln und in einer Serie von Flugblättern an Mitglieder und die Öffentlichkeit zu geben. Die Führer der einzelnen Untergruppen gaben Presse-Interviews und legten Pressemappen an. Auch Berichte über das Verhalten der Behörden wurden gesammelt.

In jedem Stadium des Genehmigungsverfahrens, das vor Baubeginn abgeschlossen sein mußte, machten die Vertreter von „Stop the Mall" (STM) sowohl durch ihr Wissen als auch durch die Anzahl ihrer Anhängerschaft von sich hören. Nach jedem kleinen Sieg, den die Gruppe erringen konnte – das kann in einem Baugenehmigungsverfahren auch ein Aufschub sein –, gab „Stop the Mall" eine Pressemitteilung und ein Flugblatt für die Mitglieder heraus.

4. Spenden

Flugblätter, Portokosten, Telephongespräche, Anzeigen in Zeitungen und Mietbusse sind kostspielige Angelegenheiten, aber für das Funktionieren einer Gruppe unverzichtbar. Aber wie soll das alles bezahlt werden?

STM entschied sich für zahlende Mitglieder. Teil der Mitgliedschaft hieß eben Verantwortung für die finanzielle Seite der eben flügge gewordenen Gruppe zu übernehmen. Die entschiedensten Kämpfer wurden Mitglieder. Von einer größeren Gruppe Sympathisanten wurden unregelmäßig Spenden beigetragen. Diese größere Gruppe war auch bereit, gelegentlich auf Parties Geld zu sammeln oder Aufkleber für die gute Sache zu verkaufen. Wurde ganz konkret etwas für die Arbeit der Gruppe benötigt wie beispielsweise Büromaterial, so wurde zunächst bei den betreffenden Kaufleuten nach Sachspenden gefragt.

5. Der Ratschlag der Erfahrenen

So ehrfurchtgebietend manche Kämpfe von Bürgerinitiativen zur Umwelterhaltung auch scheinen mögen, man findet fast immer jemanden, der schon eine hinter sich hat. Ist das nicht der Fall, so findet man vermutlich einen Forschungsbericht über Theorie und Praxis einer Bürgerinitiative.

Roberta Friedman war stets hartnäckig auf der Suche nach möglichen Ratgebern mit Erfahrungen. Die Gruppe *Connecticut Fund for the Environment* konnte hilfreiche Informationen über die gesetzlichen Bestimmungen bei Feucht- und Überschwemmungsgebieten beisteuern. Ein früherer Yale-Student faßte in einem Bericht alle

Gesetze zusammen, die den Bau eines Einkaufszentrums betreffen. Eine andere Aktivistengruppe in Connecticut, die schon mehrere Bauvorhaben erfolgreich bekämpft hatte, bot den Mitgliedern von STM ihr Wissen über gerichtliche Schritte, über Öffentlichkeitsarbeit und Organisation an.

6. Die Verbreiterung der Basis

In Kämpfen um Umweltschutzfragen sind unter Umständen nur wenige Menschen so direkt betroffen, daß sie sich organisieren wollen. Um ein größeres Gewicht zu erlangen, mußte die Gruppe sich also nach anderen Verbündeten umsehen, denen eine Vergrößerung der Sympathisantenschar ebenfalls nutzen würde.

Den wichtigsten Verbündeten fand STM in der nahe gelegenen Stadt New Haven, die durch das Einkaufszentrum jährlich mehrere Millionen Dollar Verluste im Einzelhandel machen würde. Aber auch in North Haven selbst solidarisierten sich verschiedene Interessengruppen mit STM: Umweltschützer, die gegen Vernichtung von Feuchtgebieten und gegen Luftverschmutzung arbeiteten; Opfer von Überschwemmungen, die durch Bauprojekte in anderen Überschwemmungsgebieten bereits geschädigt waren; Hausbesitzer, deren Häuser in der Nähe der neuen Einkaufsstraße lagen und die mit einem zusätzlichen Verkehrsaufkommen von 28 000 Autos täglich rechnen mußten; kleine Einzelhändler, die mit dem großen Zentrum nicht konkurrieren konnten sowie historisch interessierte Bürger, die ein Interesse an der Erhaltung historisch wertvoller Gebäude hatten und diese nicht durch riesige Neubauten und neue Straßen gefährdet sehen wollten.

7. Leitfiguren schaffen

Wie in vielen aktiven Gruppen, so sammelten sich auch in STM zunächst alle um eine starke Führungspersönlichkeit: Roberta Friedman. Aber vor STM lag ein langer, ermüdender Kampf und machte weitere entschlossene Persönlichkeiten notwendig, die vor Hearings sprechen, Interviews führen, die wichtige Termine mit Politikern und Behörden wahrnehmen können, kurz, die sich bei den schwierigen und langwierigen Aufgaben abwechseln konnten. Deshalb wurden neben Roberta Friedman andere Mitglieder der Organisation daraufhin geschult, Führungsaufgaben zu übernehmen.

8. Aktive Mitglieder gewinnen

Die Kräfte, die den Bau des Einkaufszentrums forcierten, konnten nicht einfach durch eine Gruppe geschlagen werden, die nur auf dem Papier bestand. Es wurden wirklich aktive Mitstreiter gesucht, die gut informiert und bereit waren, die von der Führung ausgearbeiteten Strategien zu vertreten.

Um die aktive Teilnahme an der Gruppe zu fördern, wurden alle Aktivitäten in kleine Abschnitte unterteilt. Auf diese Weise konnten viele Mitglieder für eine Aktion verantwortlich zeichnen. Einfach aufgemachte Rundbriefe hielten die Mitglieder über die neuesten Entwicklungen auf dem laufenden. Alle wichtigen Entscheidungen wurden in Übereinstimmung mit den Mitgliedern auf Planungstreffen getroffen.

9. Der Einsatz von Identitätssymbolen

Um die eigenen Mitglieder anzuregen und sich zugleich als allgegenwärtig zu präsentieren, benötigt eine Organisation ein Symbol. STM übernahm das achteckige Stop-Zeichen aus der internationalen Verkehrsregelung und verwendete es auf Visitenkarten, Aufklebern, Briefpapier, Mitgliedskarten, Plakaten und Anstecknadeln.

10. Einen Plan einhalten

In einer bedrohlichen Situation neigt auch der Umweltschützer dazu, seinen Blickwinkel zu verengen, zunächst einmal auf das kurzfristige Ziel, auf jede Bewegung des Feindes zu reagieren, um längerfristig dann zu gewinnen. Aber man muß auch darüber hinausblicken können.

Kurzfristiges Ziel. Die Gruppe analysierte zunächst die Schritte der ausführenden Organe und richtete danach den eigenen Zeitplan ein. Oft aber ging STM über bloßes Reagieren hinaus, indem die Gruppe eigene Aktivitäten anbot (zum Beispiel ein überraschendes Treffen mit einem Vertreter der Behörden). Außerdem gehört zu einem sinnvollen Zeitplan eine realistische Einschätzung von Kräften und Geld.

Langzeitziele. Die Gruppe, die nur ein einziges konkretes Ziel verfolgt, sollte sich nicht völlig auflösen, wenn dieses erreicht ist. Nachdem STM die entscheidenden Schlachten gewonnen hatte, mußte erkannt werden, daß damit nicht jegliche Bedrohung aus der Welt geschaffen war. Also mußte auch eine Schutzwache über den konkreten Kampf hinaus erhalten werden. M.Mu.

Das Aufspüren der Tatsachen

Anmerkung des Herausgebers: Scott Hempling arbeitet seit vielen Jahren sehr erfolgreich in Bürgerrechts-, Umweltschutz- und anderen Initiativen. Die Zielscheiben seiner Nachforschungen sind inzwischen mit seiner Art der Arbeit vertraut, auch wenn sie ihn nicht unbedingt namentlich kennen. Er hat eine Begabung dafür, im richtigen Moment einen Interessenkonflikt aufzudecken, einen peinlichen Widerspruch zu enthüllen oder gar der direkten Ungesetzlichkeit einer Behörde oder eines Unternehmens auf die Spur zu kommen. In dem hier vorliegenden Artikel erzählt er uns, wie er vorgeht.

Manchmal kann es einem vorkommen, als ginge es nicht um die Wahrheitsfindung, wenn Goliath und David aufeinandertreffen. Recht und Gesetz werden oft von den starken Kräften des Geldes und der Lobby an die Wand gedrückt. Dies ist für die meisten Aktiven in Bürgerinitiativen eine harte Lektion.

Aber wenn es auch so ist, daß Tatsachen allein nicht ausreichen, um einen Kampf zu gewinnen, so können sie doch zur rechten Zeit am richtigen Ort eingesetzt einen erheblichen Einfluß nehmen. Umweltschützer müssen stets gut informiert und korrekt sein. Sie müssen im Recht sein. Darüber hinaus müssen neue Strategien über den Umgang mit Faktenmaterial in Umweltschutzgruppen gefunden werden.

Im Jahre 1973 war die Gruppe „Citizens for a Better Environment" (CBE; Bürger für eine bessere Umwelt) in einen Kampf gegen die United States Steel Corporation verwickelt. Sie warf dem Unternehmen vor, die Gesetze zur Reinhaltung von Luft und Wasser zu verletzen. Behördenvertreter hatten zwar versucht, auf die Gesellschaft einzuwirken, waren aber an dem Widerstand der Unternehmensleitung gescheitert, die darauf baute, daß die Androhung von Entlassungen im Falle der strikten Anwendung der Umweltverschmutzungsgesetze ihre Wirkung zeigen würde. Außerdem behauptete die United Steel, sie hätten eigene Maßnahmen zur Reinigung der Abluft und Abwässer unternommen.

Der für die Umweltschutzgruppe CBE arbeitende Barry Greever erkannte, daß das nun eingetretene politische Patt nur dann aufgebrochen werden könnte, wenn das Unternehmen öffentlich bloßgestellt würde. Dadurch wäre es gezwungen, seine falschen Aussagen über seine Verantwortlichkeit für die Umwelt zurückzunehmen.

Greever wußte, daß alle Industriewerke per Gesetz verpflichtet waren, ihre Öleinläufe in öffentliche Gewässer der US-Küstenwache zu melden. Er durchsuchte daraufhin die Aufzeichnungen, um festzustellen, welche Angaben U.S. Steel über die Einläufe in den Lake Michigan gemacht hatte. Aufgrund der gefundenen Informationen vermutete Greever, daß das Stahlwerk gegenüber anderen Bundesbehörden niedrigere Angaben machte. Alle Gesellschaften waren von der Sicherheitsbehörde („Securities and Exchange Commission", SEC) zum Erstellen eines Berichts aufgefordert worden. Diese öffentlichen Dokumente dienen unter anderem zukünftigen Investoren zur besseren Einschätzung der Risiken. Greevers Frage lautete: Waren die Öleinläufe in den Lake Michigan von U.S. Steel in dem Bericht erwähnt? Das waren sie allerdings, aber Greever fand durch Vergleiche mit den Zahlen der Küstenwache heraus, daß das Unternehmen falsche Zahlen gemeldet hatte und in dem Bericht für SEC für weniger Einläufe die Verantwortung übernahm.

Die Gruppe CBE wußte, daß sie nun gutes Material gegen U.S. Steel in der Hand hielt, aber Greever wollte die Argumentation noch durch weiteres Material abstützen. Gleichzeitig konnte er aufdecken, daß einerseits das Unternehmen die Bundesgesetze mißachtete, die Gesetzesvertreter aber auch kaum Anstrengungen unternahmen, die Durchsetzung der Gesetze zu kontrollieren. Wieder boten die Akten der SEC wichtige Informationen für Greever. Er verglich die Fälle, in denen U.S. Steel tatsächlich Bußgelder für Verletzungen der Gesetze gezahlt hatte, mit den gesetzlichen Strafmöglichkeiten. Die Zahlen auf seiner Liste zeigten eindeutig, daß die Behörden viel höhere Bußgelder hätten verhängen können. Insgesamt, schätzte Greever, hatte U.S. Steel durchschnittlich nicht mehr als ein Zehntel eines einzigen Prozents der möglichen Höchststrafe zahlen müssen.

Als diese Nachforschungsergebnisse des Barry Greever in den Zeitungen Chicagos erschienen, wurden davon sowohl die Unternehmensleitung als auch die Behörden überrascht. Die Öffentlichkeit war empört, und Behördenvertreter mußten kleinlaut bei der U.S. Steel Corporation anrücken und sie zur Beseitigung der von ihr verursachten Schäden auffordern.

Was man sucht und wo man sucht

Greever nennt seine Vorgehensweise „taktische Forschung". Es geht nicht darum, einfach blind alle Informationen zusammenzutragen, die man kriegen kann. Man muß von Anfang an eine bestimmte Absicht im Kopf haben: entweder die Aufdeckung eines Interessenkonflikts, eine Gesetzesüberschreitung, nachlässige Durchsetzung der Gesetze von seiten der Behörden oder peinliche Widersprüche auf höherer Ebene. Die CBE hatten zum Beispiel gehofft, mit ihrem Aufdecken der Widersprüche verdeutlichen zu können, daß U.S. Steel zwar einerseits von seiner Verantwortung der Umwelt gegenüber spricht, aber andererseits die Taten des Unternehmens doch recht anders aussehen. Barry Greever war in der glücklichen Position, so belastendes Material zu finden, daß es tatsächlich eine Veränderung auslöste und zu einer Reinigungsaktion führte. Das ist aber nicht immer einfach – denn manchmal kommt man an belastende Fakten heran – und manchmal nicht.

Eine erstaunliche Menge an Informationen über Einzelpersonen und Gesellschaften werden in den Akten verschiedener Behörden gesammelt. Diese Akten sind jedermann zugänglich. Sie mögen nur unter Schwierigkeiten zu entziffern sein, aber wenn man einmal den Code aufgebrochen hat, kann man sich leicht zurechtfinden. Angestellte der betreffenden Ämter sind in der Regel sehr hilfsbereit. Das Wichtigste aber ist zu wissen, wonach man sucht und wo man danach sucht.

Interessenkonflikt. Befürworter von Autobahnen, Mülldeponieverwalter, Müllverwertungsgesellschaften und andere mögliche Umweltverschmutzer großen Stils unterhalten häufig eine vertrauliche Beziehung zu den für sie zuständigen Behörden. Der Bauherr eines riesigen Hochhauskomplexes kann gut und gerne mit einem Mitglied des Planfeststellungsausschusses geschäftlich befreundet sein und ein Arbeiter auf einer Bohrinsel in der Nordsee mag zuhause die Umweltschutzbewegung unterstützen. Interessenkonflikte, legale wie illegale, sowie die dazu verfaßten kontroversen schriftlichen Eingaben, können ein umweltgefährdendes Projekt lahmlegen.

Strategisch wichtige Punkte:
1. Überprüfen Sie die derzeitige und frühere Beschäftigung derjenigen, die die Entscheidung fällen sollen. Dazu findet man gewöhnlich gute Informationen in den Archiven der Lokalpresse.
2. Informieren Sie sich über Grundstückseigentum derjenigen, die die Entscheidung fällen sollen.
3. Überprüfen Sie die Zuwendungen, die die beteiligten Politiker erhalten haben.
4. Auch über die Geschäftsverbindungen der Entscheidungsträger mit anderen Geschäftsleuten können Informationen eingeholt werden.

Peinliche Widersprüche in der Unternehmenspolitik. Es kann angehen, daß der von Ihnen avisierte Betrieb zwar Spenden an die Gesellschaft zur Bekämpfung von Krebserkrankungen oder an die Kampagne zur Reinhaltung der Luft abführt, gleichzeitig aber diese Luft verunreinigt. Vielleicht wird auch in dem auf Hochglanzpapier gedruckten Jahresbericht hervorgehoben, daß das Unternehmen im örtlichen Komitee für den Zuzug neuer Handwerksbetriebe mitarbeitet. Die Entscheidung der Unternehmensleitung dagegen, die Leckage von giftigen Substanzen in das städtische Wassersystem zuzulassen, hat aber gleichzeitig den neu Zugezogenen das Einleben höchst unangenehm gestaltet. Durch das Aufzeigen solcher Widersprüchen gerät die Fassade der moralischen Aufrichtigkeit dieser Unternehmen ins Wanken.

Direkte Vergehen gegen Gesetze zum Schutz der Umwelt. Alle bundesweiten und regionalen Behörden erlassen eine Vielzahl von Genehmigungen, die Unternehmen ein gewisses Maß an Umweltverschmutzung zugestehen. Abfälle, Müll, Lärm, der Transport von gefährlichen Materialien, der Einsatz von Pestiziden, die Bebauung von Feuchtgebieten – dies alles sind Bereiche, in denen staatliche Regelungen einen bestimmten Level festsetzen, der für Umweltschützer einen Maßstab bei der Beurteilung der Aktivitäten der Betriebe darstellen kann.

Nachlässiges Verhalten auf seiten der Behörden. Ein umweltgefährdendes Projekt bedarf immer der Zustimmung zweier Parteien: erstens der Firma, die es durchführen will und zweitens der entsprechenden Regierungsstellen, die es zulassen. Recht häufig kommt es

deshalb zu einer mehr als laschen Aufsicht über die Einhaltung der Gesetze zum Umweltschutz, so zum Beispiel:
– wird Überschreitungen nicht weiter nachgegangen,
– können Wiederholungstäter ihre Untaten tatsächlich wiederholen,
– werden Beschwerden nicht beantwortet.

Das kann verschiedene Ursachen haben:
– zu wenige Bedienstete,
– Mangel an Überprüfungsmöglichkeiten,
– Interessenüberschneidungen zwischen der Industrie und denen, die die Einhaltung der Gesetze überwachen sollen.
– Eingreifen von Politikern in die Arbeit der überwachenden Behörden.

Ob das nun beabsichtigt ist oder nicht, eine nicht sichtbare beziehungsweise nicht spürbare Kontrolle durch die Behörden stellt immer eine Versuchung für die Industriebetriebe dar, zulässige Grenzwerte zu überschreiten.

Widersprüche in der offiziellen Politik. Es kommt vor, daß Regierungsvertreter das eine sagen und dann das andere tun. Ein großeingeführter Plan für die Verbesserung des öffentlichen Transportsystems liegt auf dem Tisch des Sachbearbeiters, der aber die neuen Pläne für eine Autobahn studiert. Während ein Antrag auf Überprüfung der Auswirkungen von Großprojekten auf städtische Gebiete in Regierungsschubladen ruht, pumpt der Staat immer weiter Geld in eine riesige Einkaufstraße auf der grünen Wiese, die viel von der innerstädtischen Kaufkraft abziehen wird. Ein Gouverneur spricht sich öffentlich für die rasche Aufklärung und Entschärfung von illegalen Mülhalden aus, genehmigt aber gleichzeitig für nur drei Inspektoren Geld. Wenn ein Umweltschützer Pläne mit den Gesetzen, die Gesetze mit Bestimmungen und diese wiederum mit den tatsächlich durchgeführten Unternehmungen vergleicht, so kann er eklatante Widersprüche entdecken, die an der Glaubwürdigkeit der überwachenden Behörden berechtigte Zweifel zulassen.

In den Baubehörden kann man sich über Bebauungspläne und Flächennutzungspläne informieren.

Widersprüche im Verhalten von Beamten. Im Wahlkampf mag sich ein Kandidat gegen giftige Abwässer in einem Wohngebiet aussprechen, heimlich aber dafür stimmen, daß die Aufsichtsbehörde in Zukunft weniger Geld erhält. Ein Beamter, der mit der Vergabe von Bauabschnitten auf Autobahnen betraut ist, kann sich in einer vergleichbaren Lage wiederfinden. Bürger, die solche Vorfälle beobachten und sie öffentlich machen, können sehr wohl das Interesse von Gemeindevertretern gewinnen. Wenn man aufmerksam und über einen längeren Zeitraum hinweg die Zeitungen verfolgt, springen einem unter Umständen Widersprüche ins Auge.

Ein eingetretener Schaden. Ansteigen der Krebserkrankungen. Vergiftete Brunnen. Luftverschmutzungskatastrophen. Ernteverluste. Manchmal sind die tatsächlich passierenden Umwelttragödien die wirkungsvollsten Tatsachen. Wenn die Beschaffung solcher Fakten zuweilen auch wissenschaftliche Forschungsmethoden erfordert, so kann ihre Enthüllung ganze Gemeinden auf die Barrikaden bringen.

Was machen mit den Beweisen?

Hat man schließlich den entscheidenden Interessenkonflikt herausgefunden, die Umweltverschmutzungen durch ein ortsansässiges Unternehmen oder das Nichtwissen der Behörden ganz eindeutig erkannt, dann will man damit natürlich an die Öffentlichkeit treten. Wie geht man am besten vor? Vielleicht kann man die Enthüllung der Nachforschungen mit den Aktivitäten der Stadtteilgruppe koordinieren? Vielleicht ist aber auch eine kurze Pressemitteilung das Richtige. Man kann auch das betroffene Gebiet mit Flugblättern überschütten, die über die entscheidenden Phasen der Ermittlung berichten. Eine andere Möglichkeit ist die formale Präsentation, bei der während einer öffentlichen Anhörung ein Forschungsbericht sowie Fachgutachten vorgelegt werden. Karten und anderes Bildmaterial sind bei einer Präsentation immer hilfreich.

Welchen Weg Sie aber auch immer wählen mögen, Sie dürfen nicht vergessen, daß nicht allein Tatsachen aus Sympathisanten Umweltschützer machen. Man braucht die Unterstützung von Interessenverbänden, eine verläßliche Basisorganisation und ein gerüttelt Maß an Beharrlichkeit. Am wichtigsten aber ist es stets, gut mit Tatsachen ausgerüstet zu sein; es gibt wirklich keinen Ersatz dafür, Recht zu haben.   S.H.

Was Tatsachen bewirken

Sie können die Menschen aufbringen. Stellen Sie sich vor, Sie haben herausgefunden, daß ein Unternehmen in Ihrer Stadt unerlaubt

Giftmüll lagert. Dann finden Sie heraus, daß dieselbe Gesellschaft seit Jahren genauso in zehn anderen Städten in Ihrem Bundesland verfährt. Sie können davon ausgehen, daß viele Ihrer Nachbarn durch diese Neuigkeiten aus dem Häuschen geraten und an das Unternehmen wie auch an die zuständigen Behörden einige Fragen zu richten haben.

Tatsachen können einen Verdacht gegen ein Unternehmen oder ein Amt erhärten. Das Interesse an einem einfachen Beamten im Planfeststellungsamt wird schlagartig ansteigen, wenn die Öffentlichkeit erfährt, daß er seit zehn Jahren mit einem Handelsunternehmen Geschäfte gemacht hat, das nun ein Einkaufszentrum im Wert von vielen Millionen Mark bauen will und deshalb Änderungen für einen Flächennutzungsplan fordert.

Tatsachen können die Gegner schwächen. Wenn die Öffentlichkeit erfährt, daß ein Abgeordneter, der für den Autobahnbau zuständig ist, in seinem alten Wahlkreis den Bau einer bestimmten Strecke nicht genehmigt hat, in Ihrer Nähe nun aber etwas ähnliches erlaubt, wird es interessant sein, ihn nach den Beweggründen zu befragen.

Fakten können die Aufmerksamkeit auf die Verursacher lenken. Wenn bekannt wird, daß der Direktor des örtlichen Stromversorgungsunternehmens jährlich 400 000 DM verdient, dabei aber beteuert, seine Gesellschaft könne sich Maßnahmen zur Reduzierung der Umweltverschmutzung in Höhe von 200 000 DM nicht leisten, dann ist es an der Zeit, daß eine Abordnung der Bewohner diesem Direktor einen Besuch abstattet.

Tatsachen können eine Gruppe glaubhafter und seriöser erscheinen lassen. Hat die Bürgerinitiative erst einmal ihre erste wichtige Entdeckung über einen Umweltskandal in der Stadt gemacht, so wird sie für viele die zentrale Anlaufstelle.

Tatsachen können andere Gruppen aufmerksam machen. Wird bei Nachforschungen über eine Firma, die einen Fluß vergiftet, herausgefunden, daß die Arbeiter in derselben Firma in großem Umfang mit Asbest in Berührung kommen, so wird sich möglicherweise aus Arbeitern und ihren Angehörigen ebenfalls eine Protestgruppe bilden, obwohl ursprünglich nur die am Fluß wohnenden Hausbesitzer ein Interesse hatten.   S.H.

Mit Spenden den Kampf finanzieren

Anmerkung des Herausgebers: Der Autor des folgenden Artikels vertritt die Meinung, daß Menschen, die erst einmal erkannt haben, daß es viel Geld kostet, erfolgreich für unsere Umwelt zu kämpfen, gleichzeitig erkennen müssen, daß auch sie eine Verantwortung bei der Beschaffung dieses Geldes haben. In vier Jahren hat Bill Bloss für verschiedene Umweltschutzprojekte in verschiedenen Bundesstaaten der Vereinigten Staaten 175 000 Dollar (über 450 000 DM) Spendengelder gesammelt. Hier erzählt er, wie ihm das gelungen ist.

Ein erfolgreicher Spendensammler tut mehr als nur so viel Geld zu sammeln, wie die Gruppe gerade braucht, um ihre Unkosten zu decken. Kommen tatsächlich Gelder zusammen, so ist das für jedermann – Politiker, Unternehmen und Behörden eingeschlossen – ein Beweis dafür, daß die Gruppe stark ist und für ein populäres Ziel kämpft. Erfolgreiche Spendenaufrufe verleihen der Gruppe ihre Legitimität. Das gilt in besonderem Maße, wenn das auf der Ebene der einfachen Mitglieder geschieht. Außerdem kommen die meisten aktiven Mitglieder einer Gruppe aus den Reihen der Spender. Eine Geldspende ist häufig nur der Auftakt zu einem größeren Engagement.

Es ist ratsam, immer so viele Menschen wie möglich von dem Anliegen Ihrer Kampagne zu überzeugen. Selbst wenn es möglich sein sollte, mehrere sehr hohe Zuwendungen zu erhalten – manchmal kann man seine Kampagne schon mit den Mitteln einiger weniger Spender durchführen –, so ist das kein Grund, aufzuhören. Man sollte immer bemüht sein, so viele Menschen wie möglich durch Spenden an die Gruppe zu binden. Ihrem finanziellen Einsatz fühlen sich viele Menschen verpflichtet. Der Kampf kann dann leichter oder schneller gewonnen werden, wenn viele Menschen daran beteiligt sind, als wenn ein paar Leute alles allein erledigen müßten. Generell kann man Spendenaufrufe in zwei Kategorien einteilen: die, die wenig Aufwand verursachen, aber auch nur wenig Geld einbringen und diejenigen, die eine Menge Geld, Energie und Zeit kosten, aber meist auch mehr Spenden einbringen. Die folgende Liste umfaßt eine kurze Beschreibung verschiedener erprobter Techniken:

● Die Bürgerinitiative kann mit einer kleinen Aufgabe beginnen, so daß sie wenigstens auch ein Erfolgserlebnis zu verzeichnen hat. Bei einem Treffen kann Kuchen angeboten werden. Wird er von Mitgliedern der Gruppe gebacken und umsonst beigesteuert, so kann man schon vorher davon ausgehen, daß die Gruppe bei dem Treffen wenigstens einen kleinen Profit machen wird. Dieses Treffen sollte öffentlich sein und in der Lokalpresse angekündigt werden. Einmal hat eine Bürgerinitiative gegen den Bau einer Schnellstraße im Wohnviertel ihren Kuchenstand direkt neben den Bulldozern und anderen Baufahrzeugen aufgebaut. Die betroffenen Anlieger kamen in Scharen. Auch die Presse kam. Das Ereignis wurde sogar in den Frühnachrichten erwähnt. Von dem Erlös des Kuchenverkaufs konnte die Gruppe eine Berechnung über den zu erwartenden Umweltschaden durch die neue Straße in Auftrag geben.

• Ein anderes bescheidenes Mittel zur Geldbeschaffung ist ein Flohmarkt. Es kommt nicht wirklich darauf an, was dort verkauft wird, solange niemand gegen das Gesetz verstößt. Renner sind immer Bücher und alte Kleider. Pflanzenbasare sind besonders in Großstädten beliebt.

• Eine größere Gruppe kann an das Herausgeben einer Broschüre denken, in der Anzeigenplatz verkauft werden kann. Eine Gruppe hat auf diese Weise 1400 Dollar Profit gemacht, denn jeder Einzelhändler oder Handwerksbetrieb der Gegend kaufte eine Anzeige – ob aus Furcht vor dem Konkurrenten, der auch annoncierte oder zur Aufbesserung des eigenen Images, bleibt dahingestellt.

• Tanzveranstaltungen oder Parties verbinden zwei gute Zwecke: Die dort Versammelten können Geld spenden und sind auch einmal alle zusammen unter einem Dach. Persönliche Kontakte fördern den Gruppenzusammenhalt. Es ist nicht schwierig, ein paar Musiker zu finden, die bereit sind, bei einer solchen Veranstaltung aufzutreten, und ein Gemeindesaal oder ein Dorfgemeinschaftshaus kann auch meist beschafft werden.

• Eine Tombola ist fast immer ein sicherer Hit. Allerdings muß sichergestellt sein, daß die Gruppe genügend Mitglieder hat, die die Lose verkaufen, denn die Interessenten werden Ihnen nicht die Tür einrennen. Oft kann man Preise gegen Publicity tauschen, so daß zum Beispiel ein Fahrradhändler in einer Kampagne gegen den Ausbau einer Autobahn ein Zehn-Gang-Rennrad spendet oder ein Sportgeschäft ein Kanu als Preis aussetzt, wenn sich der Kampf gegen die Eindeichung eines Flusses richtet. Jedenfalls sollte die Gruppe für die Preise, die sie für ihre Tombola kaufen muß, nie mehr als den Großhandelspreis bezahlen.

• Auch Auktionen haben eine starke Anziehungskraft. Greenpeace veranstaltete im Jahre 1979 eine Auktion mit Sachen, die berühmten Leuten gehört hatten und nahm dabei 13000 Dollar (rund 25000 DM) für ihren Kampf zur Rettung der Wale ein. Unter den zu versteigernden Dingen hatten sich Kunstgegenstände und Filmgarderobe befunden. Eine schwarze Lederjacke, die John Travolta in dem Film *Grease* getragen hatte, brachte 1400 Dollar. Nun hat nicht jede Umweltschutzgruppe und Bürgerinitiative Zugang zu den abgelegten Klamotten von Stars, aber man bricht sich keinen Zacken aus der Krone, wenn man z. B. ortsansässige Größen – Sportler, Politiker oder Künstler – um eine persönliche Spende für die Auktion bittet.

● Direkte Stimmenwerbung. Diese Taktik bringt wohl am meisten ein, erfordert aber auch einen beträchtlichen Einsatz an Zeit, Kraft und Fachkenntnissen. Es ist jedoch möglich, auch als kleine Gruppe diese Art der Werbung für die gute Sache zu unternehmen. Eine Bürgerinitiative in North Carolina mußte eine Rechnung von mehreren tausend Dollar für den Druck eines Handbuchs bezahlen. Mehrere Studenten gingen täglich ein paar Stunden von Tür zu Tür. Innerhalb eines Monats hatten sie das benötigte Geld zusammen. In den Vereinigten Staaten hat jede Gruppe das verfassungsmäßig verbriefte Recht, auf diese Weise Stimmen und Geld zu sammeln, wenn die Beteiligten für ihre Arbeit kein Geld erhalten. Es empfiehlt sich, vorher sowohl die Polizei als auch die Presse über die Aktion zu informieren.

Insgesamt gesehen ist diese Art des Geldeintreibens für viele Gruppen die gewinnbringendste gewesen. Die Bürgerinitiative Connecticut, 1971 von Ralph Neder gegründet, konnte ihr Budget von 80000 Dollar innerhalb von vier Jahren auf 600000 Dollar erhöhen. Der größte Teil des Zugewinns ging nach Aussagen des Schatzmeisters der Gruppe auf das Konto der direkten Stimmenwerbung. Neben dem finanziellen Aspekt hat die Haus-zu-Haus-Werbung weitere Vorteile. Man kann in Ruhe mit einzelnen Mitbürgern reden, kann von der Sache, um die es geht, erzählen, kann die Argumente der Gegenseite in aller Ruhe widerlegen und kann denjenigen, die sich engagieren wollen, Mut machen und sie in die bereits bestehende Gruppe einführen.

● Postwurfaktionen können – vor allem für kleinere Gruppen – mit zwei Worten beschrieben werden: teuer und riskant. Wenn man nicht eine Liste von Leuten hat, die sicher interessiert sind, dann muß man damit rechnen, daß man nicht mehr als 3 Prozent Antworten bekommt. Sollte der Rücklauf fünf Prozent übersteigen, dann

könnten Sie ja einmal überlegen, ob Sie nicht Ihren Beruf wechseln und dieses Geschäft hauptamtlich betreiben wollen!
- Für viele Gruppen stellt der Mitgliedsbeitrag noch immer die sicherste und allererste Einnahmequelle dar. Das hat einen guten Grund: Wenn die Mitglieder nicht einmal zu einem finanziellen Beitrag bereit sind, dann stehen die Chancen schlecht, daß sie Zeit in die Gruppe investieren. Geld ist gewöhnlich die Art von Beitrag, die am wenigsten Einlassen für den Einzelnen bedeutet. Am besten hat sich eine gestaffelte Beitragsliste bewährt, aber man muß ganz klarmachen, daß es keine Ausnahmen gibt.

Die meisten der hier vorgestellten Methoden zur Geldbeschaffung sind relativ zeitaufwendig. Einige Gruppen fühlen sich davon überfordert und haben sich statt dessen eher um offizielle Gelder oder Zuschüsse bemüht, die sie als schnelle und nie versiegende Geldquelle ansehen. Das aber ist für die meisten Gruppen unrealistisch – Zuschüsse sind nie schnelles Geld. Man braucht Monate oder gar Jahre für das Herausfinden der passenden Geldgeber, für das Ausfüllen der diversen Anträge und wartet dann – meist eine ganze Weile – auf die Entscheidung der entsprechenden Gremien. Durch solche Zuschüsse kommen eigentlich nie neue Mitglieder zu der Gruppe. Am wichtigsten ist der Aspekt, daß mit Zuschüssen gewisse Auflagen einhergehen. Da sollte man sich doch lieber auf seine Mitglieder verlassen als auf eine Regierung oder ein Unternehmen, die ja meist die Zuschüsse austeilen, angewiesen zu sein.

Es gibt genug Geld in der Welt, mit dem Ihr Kampf finanziert werden kann. Manchmal ist es etwas schwieriger, dieses Geld auf das Konto der Bürgerinitiative zu bekommen, aber es ist nicht unmöglich, vorausgesetzt, Sie engagieren sich für eine Sache, die für viele andere Menschen ebenso von Bedeutung ist. Ohne Geld kann jedenfalls die Schlacht nicht gewonnen werden. W.M.B.

Die Bündnisbildung

Anmerkung des Herausgebers: Viele Jahre lang hat Diane McEachern den verschiedensten Umweltschutzgruppen bei der Durchführung ihrer Kampagnen und bei der Entwicklung der passenden Werbestrategie geholfen. In einem Fall, einer Bürgerinitiative im mittleren Westen, hat die Mitarbeiterin dieses Bandes, Mary Paden, sie begleitet. Im folgenden berichten beide, was sie erlebten.

Nur wenige Beispiele aus dem Bereich Umweltschutz drücken die

Vorgehensweise, die Hochs und Tiefs einer Kampagne besser aus als der Kampf um die Wiedereinführung von Pfandflaschen in den Vereinigten Staaten, kurz die „Bottle Battle", die Flaschenschlacht genannt. Seit 1953 wollen Umweltschützer und Verbraucher den Einsatz von Einwegflaschen verhindern, indem auf alle Getränkebehälter ein geringes Pfand aufgeschlagen werden soll.

Die meisten Versuche, eine entsprechende Gesetzgebung durchzusetzen, blieben erfolglos. Ein Veteran aus diesem Kampf schätzt, daß dieses Gesetz jeden Bundesstaat in den USA im Durchschnitt fünfmal durchlaufen hat und in nur fünf Staaten – in Oregon, Vermont, Iowa, Connecticut und Delaware – ist es gelungen, Gesetze zur Kontrolle von Einwegflaschen zu verabschieden.

Anfang 1970 waren die Befürworter einer Pfanderhebung angesichts des Sumpfes der Gesetzgebungsbürokratie so frustiert, daß sie Unterschriften für eine Volksbefragung sammelten. Die Interessengruppen – Flaschen- und Dosenhersteller, Verteiler und einige Supermärkte – die bislang die Pfandgesetzesvorlage in den Ausschüssen unterdrücken konnten, lancierten teure Gegenmaßnahmen. In diesem Fall gewann die Seite gegen ein Pfandflaschengesetz, aber Umfragen zeigten, daß 76 Prozent der amerikanischen Bevölkerung eine Gesetzgebung zur Regelung der Einweg- und Pfandflaschen begrüßt hätten. 1976 kam die Gesetzesvorlage in den Staaten Michigan, Maine, Massachusetts und Colorado zur Abstimmung. In Michigan und Maine wurde sie glatt angenommen, in Massachusetts verloren die Pfandflaschenanhänger nur ganz knapp und in Colorado verloren sie im Verhältnis eins zu zwei.

Wieso war die Kampagne zur Einführung einer Pfandflaschenregelung in einigen Staaten erfolgreich, in anderen dagegen erfolglos verlaufen? Nachfolgende Analysen kamen in allen vier Staaten zu denselben Ergebnissen: Der Erfolg kam mit einer breiten Bündnispolitik. Wo eine kleine Gruppe von Umweltschützern sich allein im Kampf gegen die Betriebe versucht hatte, war sie gescheitert. Aus diesem Beispiel läßt sich die Bedeutung von Bündnissen ablesen.

Eine Koalition zu organisieren und am Leben zu erhalten, ist eine schwierige Aufgabe. Eine Koalition ist schwerfälliger, da sie aus verschiedenen autonomen Gruppen besteht. Zuweilen erinnert es an den Versuch, Politiker aus verschiedenen Parteien zu einer Einigung über eine Formulierung eines Kommuniqués zu bewegen. Nach den Aussagen eines im Bündnisseschließen erfahrenen Mannes liegt das Geheimnis zum Erfolg in der Entwicklung eines

Rahmenplans, innerhalb dessen die Entscheidungsfindung, Kommunikation untereinander und Verwendung von Spenden geregelt werden. Außerdem ist es natürlich auch für eine Koalition hilfreich, wenn sie ihr Ziel und ihre allgemeine Strategie möglichst klar formulieren kann.

Das gemeinsame Ziel formulieren

Manchmal verlieren einzelne Mitstreiter in der Hitze des Gefechts das Hauptziel aus den Augen. Daher muß es einfach und verständlich formuliert sein. Im vorliegenden Fall der Flaschenschlacht war es einfach. Einige Flügel des Bündnisses hätten allerdings gern die Leute nebenbei von der Notwendigkeit einer langfristigen Lösung der Rohstofferhaltung überzeugt, während wieder andere hauptsächlich über den Abfall am Straßenrand diskutieren wollten. Dies ist solange kein Problem, wie sich alle darauf einigen können, ihre speziellen Interessen unter der großen Überschrift „gegen Wegwerfflaschen" zusammenzufassen. Wenn aber die erste Gruppe fast nur noch über Recyclingprozesse, die nächste über die bürokratischen Hindernisse auf dem Weg zu einem sauberen Autobahnrand reden will, ist das Bündnis gefährdet, weil die gemeinsame Sache, die Flaschenschlacht, nicht mehr genügend unterstützt wird.

Eine klare Fragestellung

Einige Themen eignen sich besser zur Koalitionsbildung als andere. Die Flaschenfrage war nach der Aussage einer Beteiligten „ein klassischer Fall".

„Die Leute mußten lediglich mit Ja oder Nein stimmen. Da gab es keine komplizierte Technologie, die man verstehen mußte, keine verschiedenen Phasen, die durchlaufen werden mußten, keine Zuordnungsschwierigkeiten, weil klar war, wer warum auf welcher Seite stand." Mitarbeiter aus Maine stimmten dem zu. „Wir haben herausgefunden, daß Vereinfachung der Schlüssel zum Ohr des Volkes ist." Es ist einfacher, wenn das Ziel einfach und klar umrissen dargestellt werden kann. Schwieriger wird es schon bei Fragen, die aufwendige ökonomische oder technische Erklärungen verlangen wie ein Atomkraftwerk oder die Umwandlung von militärischen Einrichtungen in solche zur friedlichen Nutzung. Außerdem ist es schwierig, eine erfolgreiche Kampagne gegen etwas durchzuziehen, das von den meisten Menschen weit entfernt ist wie zum Beispiel Regelungen für Öltanker auf den offenen Weltmeeren. Flaschen dagegen hat jedermann im Hause, und bestimmt hat sich auch jeder schon über achtlos weggeworfene Flaschen am Straßenrand geärgert.

Die übergreifende Strategie

Das Wichtigste ist zunächst, eine erfolgversprechende Strategie zu entwickeln, wenn sich eine Koalition bildet. Das Bündnis muß den verschiedenen beteiligten Gruppen sowie allen, die Sie für die Sache interessieren wollen, unterschiedliche Beweggründe anbieten, die einen gemeinsamen Kampf sinnvoll erscheinen lassen. Im Fall der Flaschenschlacht verhielt es sich so, daß sich Gruppen, die zur Erhaltung von Rohstoffen arbeiteten, beteiligen konnten, weil durch die Flaschenrückgabe Rohstoffe eingespart werden könnten. Es würde sich auch das Abfallaufkommen verringern, deshalb konnten gemäßigtere Gruppen das Anliegen zu dem ihren machen. Sicherlich würden auch weniger Einwegflaschen und -dosen in Feldern und Äckern landen, so daß sich sogar Bauern an der Kampagne beteiligen konnten. Entscheidend ist, dem jeweiligen Publikum jeweils die richtige Facette des Problems vorzustellen, ohne dabei das große Ziel aus den Augen zu verlieren. In Michigan lag die Bürgerinitiative beispielsweise mit ihrer Einschätzung völlig richtig, daß die Einwohner stolz auf ihren Staat waren, der in dem Ruf stand, ein Paradies für Sportler zu sein, die sich wiederum von dem in der Landschaft herumliegenden Müll abgestoßen fühlten. Sie alle unterstützten die Kampagne. In Detroit lagen die Verhältnisse anders. Dort waren alle um ihre Arbeitsplätze besorgt. Angesichts der landesweiten Entwicklung und mit dem Wahlspruch der Detroiter im Kopf – wenn die Nation sich erkältet, hat Detroit schon eine Lungenentzündung – konnte sich die Opposition – hauptsächlich Flaschenhersteller – durchsetzen und sogar einige Gewerkschaften auf ihre Seite bringen. Die Befürworter der Pfandflaschenregelung aber konnten ihnen Untersuchungen entgegenhalten, aus denen hervorging, daß die Wiedereinführung von Pfandflaschen noch neue Arbeitsplätze schaffe.

Entscheidungsprozesse

Um gemeinsam vorgehen zu können, muß sich die Koalition auf bestimmte Umgangsformen einigen. Es muß klar sein, wie eine Entscheidung zustande kommt und wie sie durchgesetzt wird. Die einzelnen, in einem Bündnis zusammengefaßten Gruppen sind häufig sehr mißtrauisch, denn sie fürchten um ihre Autonomie. Keiner möchte von einer anderen Gruppierung dominiert werden. Auch soll der eigene Anteil stets entsprechend gewürdigt werden. Als eine der ersten Fragen muß geklärt werden, wer welche Befugnisse erhält. Wer zahlt was? Wer verwaltet das Geld? Wer darf was an die Presse weitergeben?
Jede Organisation braucht einzelne, die für die verschiedenen Bereiche verantwortlich zeichnen. Darüber hinaus muß jede Organisation dafür Sorge tragen, daß der Informationsfluß funktioniert und alle Mitglieder rasch über neueste Entwicklungen informiert werden können. Unabhängige Gruppen neigen dazu zu vergessen, daß sie sich im Bündnis stets absprechen müssen. Das kann für einzelne Sprecher zu peinlichen Situationen führen. Telephonketten und hektographierte Rundbriefe sind hier die einfachsten und billigsten Möglichkeiten, so etwas zu vermeiden.

Verwendung der Mittel

Ist eine öffentliche Kampagne angelaufen, so werden häufig Sach- und Geldspenden angeboten. Streitereien über den Einsatz von gespendeten Materialien oder Geldern führen manchmal zum Verschwenden. Deshalb sollte man sich Gedanken darüber machen, was und wieviel eine Kampagne benötigt, damit bereitwillige Spender nicht vor den Kopf gestoßen werden.
   Geld ist immer ein Problem. Das Flaschenschlachtbündnis brachte durch Spenden 117 000 Dollar zusammen, während die andere Seite 1,3 bis 3 Millionen Dollar ausgab. In Koalitionen sollte immer sowohl darauf geachtet werden, wieviel Geld hereinkommt, als auch auf die Ausgabenseite. Neben der Buchhaltung sollte jemand die täglichen Ausgaben für Porti und Fotokopien überprüfen und innerhalb gewisser Grenzen halten.
   Auch diejenigen, die sich zur Übernahme von Hilfstätigkeiten melden, sollten einen Plan vorfinden, der aussagt, wer wann benötigt wird. Jede Kampagne braucht ihre Schreiber, Sprecher, Photo-

graphen, Klinkenputzer oder (immer!) Leute, die Briefe falten und in Umschläge stecken.

All die aufgezählten Taktiken funktionieren. Wenn man sie so liest, mögen sie simpel erscheinen, und doch werden sie zuweilen vergessen. Eine gute Koalition mag die Schlacht gewinnen, aber sie braucht eine umsichtige Führung mit stetem Blick auf das Ziel und die Pflege der inneren Beziehungen. D.M., M.P.

Die Naturgesetze der Menschen

Im antiken Athen wurde über denjenigen, der die öffentlichen Gewässer verschmutzte, oft die Todesstrafe verhängt. Beinahe jede zivilisierte Gesellschaft, die wir durch die Geschichtsschreibung kennen, hatte ihre Gesetze zum Schutz der öffentlichen Gesundheit und der Umwelt. Einige waren zu extrem, seltsam oder nicht wirksam, aber dennoch stellte die Gesetzeskraft stets eine – mal stärkere, mal schwächere – Kraft dar, mutwillige Zerstörungen der Rohstoffreserven zu verhindern.

In den letzten zehn Jahren hat sich mit den Rechtsstreitigkeiten im Bereich Umweltschutz auch die Umweltschutzgesetzgebung ausgedehnt. Dies gilt vor allem für die USA. Teilweise kann die Zunahme der Gerichtsverfahren auf die Umwelt-Konferenz der Vereinten Nationen 1972 in Schweden zurückgeführt werden. Bei diesem Treffen wurde die erste weltweite Deklaration verabschiedet, die vorsieht, daß jede einzelne Nation Gesetze zum Schutz der Umwelt erlassen soll. Gleichzeitig wurde bei dieser Konferenz in Stockholm das Umweltschutzprogramm der Vereinten Nationen aus der Taufe gehoben. Mit Hilfe dieses Programms wurden seither viele Rohstoffschutzpläne entwickelt und die Notwendigkeit von Umweltschutzgesetzen einer großen Öffentlichkeit verständlich gemacht.

Die Vereinigten Staaten haben ebenso wie andere Staaten angesichts der ungeheuerlichen industriellen Verschmutzung ganze Bände von Gesetzen zur Reinhaltung der Umwelt erlassen. Aber auch andere Themen aus dem Bereich des Umweltschutzes sind seither bearbeitet worden: Gesetze zur Rettung gefährdeter Tierarten, Regulierungen über die Mengen synthetischer Chemikalien, Gesetze zur Erhaltung unberührter Gebiete sowie Gesetze, die als Reaktion auf jedes neue Problem die entsprechende Sache in geregelte Bahnen lenken sollten. Die Gesetze selbst scheinen zuweilen die Fragen noch komplizierter zu gestalten. Amerikaner beispielsweise können gleichzeitig sowohl freudestrahlend auf ihre Umweltgesetze verweisen als auch die verwirrenden technischen Notwendigkeiten, die komplizierten Regeln, die unbarmherzigen Forderungen an die Industrie sowie die Beeinflussungen durch die Interessengruppen beklagen (s. a. „Vermittlung als Konzept amerikanischer Umweltschützer", S. 26 ff.).

In diesem Kapitel aber wird kein neues Gesetz der Menschen untersucht, sondern vielmehr sollen die bereits bestehenden internationalen Vereinbarungen – von denen manche Gesetzesform haben, andere nicht – vorgestellt werden. Manche internationalen Regulierungen werden zu Fallstudien, das heißt, die richterliche Entscheidung liefert für einige Wochen die Schlagzeilen in den Zeitungen und schwindet dann aus dem öffentlichen Bewußtsein. Zurück bleibt jedesmal ein wichtiger Präzedenzfall, der die Entscheidung im nächsten, ähnlich gelagerten Fall beeinflußt.

Die einzelnen Staaten bauen auf diese Weise mit der Zeit eine umfangreiche Umweltschutzgesetzgebung auf. Die Probleme jedoch kennen keine Grenzen – die Verschmutzung der Ozeane, saurer Regen, Ausweitung der Kernkraft, das Aussterben von Tierarten, der Abbau von Ressourcen in Gebieten dieser Erde, die niemandem gehören (wie der Tiefseeboden, die Antarktis oder der äußere Weltraum). All diese Probleme können nur durch internationale Zusammenarbeit gelöst werden. Genau dies ist das Ziel internationaler Gesetzgebung. Die Machenschaften internationaler Körperschaften zur Beeinflussung einer Entscheidung ist mitunter frustrierend, manchmal komisch, verwirrend und manchmal auch hoffnungsvoll. Im folgenden werden Erfolge und Mißerfolge an einigen Beispielen erläutert.

Gerichtsverfahren sind häufig anschauliche Beispiele, denn sie sind sowohl dramatisch als auch konfliktgeladen und führen zu einer konkreten Lösung. Mehrere der hier vorgestellten Beispiele aus den USA sind nicht nur umweltpolitisch interessant, sondern auch aus juristischer Sicht von Bedeutung.

Wie in anderen Bereichen gibt es auch in der Justiz Helden. Der Richter aus dem kleinen italienischen Dorf Otranto ist so einer (s. a. „Der mutige Richter von Otranto", S. .111). Nur mit seinem juristischen Handwerkszeug und einer gehörigen Portion Hartnäckigkeit ausgerüstet, gelang es ihm, eine ökologische Zeitbombe zu entschärfen, die vor der italienischen Küste gesunken war und sein Dorf bedrohte.

Für Laien mögen Gesetze ehrfurchtgebietend, einschüchternd und unumstößlich scheinen. Ein jüngst vorgefallenes Ereignis aber erinnert uns daran, daß die Justiz in manchen Fällen der Politik oder wirtschaftlichen Interessen unterliegt. Der Streit um den Tellico-Damm war ein solcher Fall. Obwohl die Umweltschützer vor Gericht und bei der Anhörung einer speziell eingesetzten Kommission Recht erhalten hatten, konnten sich letztendlich politische und ökonomische Interessen durchsetzen.

Trotzdem wirkt das Gesetz ausgleichend. In demokratisch geführten Ländern können die Bürger den Inhalt der Gesetze mitbestimmen und auch darauf achten, daß nicht nur der Einzelne, sondern auch mächtige Industrieunternehmen sie einhalten. Das ist natürlich nicht immer einfach, aber das Gesetz ist doch ein geeignetes Mittel, die Zukunft unserer Umwelt mit zu formen. M.P.

Ein Gesetz für das Meer

Im frühen 11. Jahrhundert ließ der Dänenkönig Knut der Große, der auch über England regierte, seinen Thron an die Küste des Meeres bringen, so sagt die Legende, und befahl dem Ozean, zurückzuweichen. Als dann aber die Flut anstieg und seinen königlichen Mantel benetzte, warf Knut der Große seine Krone fort und hieß seine Untertanen erkennen, daß es auf Erden weit größere Mächte gab als ihn, den König der Dänen.

Knut der Große hatte erkannt, daß sich das Weltmeer keinem menschlichen Gesetz würde beugen müssen. Neuneinhalb Jahrhunderte später aber treffen sich die souveränen politischen Mächte dieser Welt, um dem Meer ein Gesetz zu diktieren, um zu bestimmen, wer welche Befehlsgewalt über das Wasser haben soll und wem die Reichtümer des Meeres zugänglich sein sollen.

Die Dritte Seerechtskonferenz der Vereinten Nationen versammelte fast ein Jahrzehnt lang zweimal jährlich Vertreter aus 158 Nationen, die Regelungen über alle nur denkbaren Nutzungsmöglichkeiten der Weltmeere aushandeln sollten. Das war die längste, größte und umfassendste internationale Konferenz, die die Welt je gesehen hatte. Zugleich stellte sie auch den wichtigsten und widersprüchlichsten Vorgang internationaler Diplomatie dar.

Zur Verhandlung standen ökonomische, politische und umweltpolitische Fragen von größter Bedeutung und deren Wechselwirkungen. Das Ergebnis der Dritten Seerechtskonferenz wird einen entscheidenden Beitrag für das Wohlergehen der Weltmeere und für die zukünftige Gestaltung unserer Welt haben.

Das Prinzip des Hugo Grotius

Bis in die Mitte der vierziger Jahre unseres Jahrhunderts hinein basierte das Seerecht auf dem uralten Prinzip der Freiheit der Meere. Dieses Prinzip bestand wahrscheinlich, seit je das erste Boot von Menschenhand auf einen Ozean gesetzt wurde. Von Zeit zu Zeit aber geriet es immer wieder in den Hintergrund, immer dann nämlich, wenn ein Staat soviel Macht über das Meer zu haben glaubte, daß er eine beträchtliche Meeresfläche als zu seinem Reich gehörig empfand.

Im sechzehnten und siebzehnten Jahrhundert kämpften die europäischen Königreiche um die Vorherrschaft zur See. Sie beanspruchten jeweils so viel des Ozeans für sich, wie sie mit ihren Seestreitkräften verteidigen konnten. Da trat ein junger niederländischer Jurist auf den Plan: Hugo Grotius. Er hielt weiterhin an dem Grundsatz der Freiheit der Meere fest und wurde einer der entschiedensten Verfechter dieses Prinzips. Seine Abhandlung „Mare Liberum" (Die Freiheit der Meere) beeinflußt bis auf den heutigen Tag die internationalen Seerechtsgesetze.

Allmählich konnten sich Grotius' Ideen durchsetzen. Im achtzehnten Jahrhundert hielten sich fast alle Nationen daran. Die Meere sollten allen offenstehen. Ausgenommen von dieser freien Verfügbarkeit war ein schmaler Wassergürtel direkt vor der Küste. Diese sogenannte Schutzzone fällt unter die Hoheit des jeweils angrenzenden Staates, um so die Fischerei, die Verteidigung, das Zollwesen und den Handel zu erleichtern. Über die Größe dieser Schutzzone bestand keine genaue Angabe, aber viele Nationen einigten sich auf drei Seemeilen. Damit war das Festland jedenfalls sicher vor den Kanonen feindlicher Schiffe.

Das Meer außerhalb der nationalen Hoheitsgewässer, die sogenannte Hohe See, sollte für jedermann frei zugänglich bleiben. Und selbst innerhalb der Drei-Meilen-Zone wurde ausländischen Schiffen „freier Durchgang" gewährt, vorausgesetzt, die Schiffe waren in friedlicher Absicht unterwegs.

Die Freiheit der Meere wurde mehr durch praktische Gewohnheit als durch tatsächlich fixierte Gesetze zum internationalen Recht. Damals wie heute ist internationales Seerecht nur für diejenigen bindend, die sich darauf verständigen. Ohne eine internationale Körperschaft, deren Macht größer als die einzelstaatlicher Gesetze ist, kann kein internationales Recht durchgesetzt werden. Deshalb konnten sich Grotius' Ideen so lange behaupten, so lange sie den Bedürfnissen der beteiligten Nationen entsprachen.

Grotius' Gedanken aber fußten auf zwei Grundsätzen: Erstens, daß das Meer grenzenlos sei, und zweitens, daß die lebenden Schätze des Meeres unerschöpflich seien. Natürlich konnte sich Grotius in seiner Zeit nicht vorstellen, daß die verschiedenen Nationen einmal in einen Streit über die Mineralien am Meeresgrund ausbrechen würden. Ebensowenig konnte sich Grotius schwimmende Fischfabriken vorstellen, die während einer mehrere Monate dauernden Reise Tausende von Tonnen Fisch fangen und verarbeiten können. Auch der Fischfang mit Hilfe von Hubschraubern und Sonargeräten war damals nicht denkbar. Grotius hätte wohl nie geahnt, daß die Menschen die Meere einmal so verseuchen würden, daß große Gebiete des Ozeans beinahe für tot erklärt werden müssen.

Der große Zugriff

Die neue Ära der Seegesetzgebung läutete der US-amerikanische Präsident Harry Truman im Jahre 1945 ein, als er verkündete, auch das Kontinentalschelf entlang der amerikanischen Küste gehöre zum Hoheitsgebiet der USA. Der Grund für diese überraschende Handlung lag auf der Hand: Ölgesellschaften vermuteten Ölreserven unter dem Schelfrand und glaubten, daß die USA schon bald im Besitz der entsprechenden Technologien sein würden, um diese Reserven auszubeuten.

Trumans Erklärung gab den Anstoß für die Ausdehnung der Schutzzone vieler anderer Staaten. Truman hatte die ausschließliche Rechtshoheit über den Meeresboden und die in ihm geborgenen Schätze gefordert, nicht aber die Hoheit über das über dem Kontinentalschelf liegende Wasser. Das blieb weiterhin freie Hohe See. Die Forderungen anderer Länder aber bezogen sich eher auf wichtige Fischereigründe als auf Ölvorkommen, für die außer den USA sowieso keine andere Nation die Technologie vorweisen konnte. Chile, Peru und Ecuador erweiterten beispielsweise ihre Hoheitsgewässer zu Beginn der fünfziger Jahre auf 200 Seemeilen. Andere Staaten folgten diesem Beispiel, obwohl fast niemand wirklich bis an die 200 Meilen ging.

Die Fischerei sah sich neuerlichen Problemen gegenübergestellt, als ebenfalls in den fünfziger Jahren die Sowjetrussen und die Japaner ihre Fischfangflotten auf die riesigen Mutterschiffe umrüsteten, die das Fischen zu einer modernen, mechanisierten Industrie machten (s. a. „Fisch-and-Chips", Band 2 der Cousteau-Umweltlesebücher). Indem sich die Dimensionen des Weltfischfangs so gründlich veränderten, bemühten sich die einzelnen Staaten in immer stärkerem Maße, ihren nationalen Fischfang gegenüber ausländischer Konkurrenz zu schützen, indem sie ihre Hoheitsgewässerzonen immer weiter ins freie Meer hinaus ausdehnten.

Wem gehört das Meer?

Die Vereinten Nationen, besorgt über die stete Aushöhlung der Grotiusschen Ideen, riefen 1958 zur Ersten Seerechtskonferenz auf, um über bestimmte Prinzipien und spezielle Regeln zur Nutzung der Weltmeere zu einer Einigung zu kommen. Zwar wurde in mehreren Fragen große Übereinstimmung erzielt, aber zwei kritische Punkte blieben strittig: die maximale Ausdehnung der Schutzzonen und die Rechte der Küstenstaaten zum Fischfang über ihre eigenen Hoheitsgewässer hinaus. Eine zweite Seerechtskonferenz, extra zur Klärung dieser beiden Fragen im Jahre 1960 einberufen, schlug ebenfalls fehl.

Da man sich auf keinerlei internationale Regelungen geeinigt hatte, ging jeder Einzelstaat so vor, wie es seinen Interessen entsprach. Als Folge davon kam es zu Streitigkeiten, was niemanden überraschte, weil eben keine Grenzen, Rechte und Pflichten abgesprochen waren. In den frühen siebziger Jahren wurde beispielsweise berichtet, daß Peru und Ecuador in den über 20 Jahren, die ihre 200-Meilen-Zone bereits bestand, rund 150 US-amerikanische Thunfischboote aufgebracht und mit umgerechnet 15 Millionen DM Strafgeldern belegt hatten.

Private Unternehmen hatten in der Mitte der sechziger Jahre eine Technologie zur Ausbeutung der mineralhaltigen Manganknollen auf dem Tiefseeboden entwickelt (s. a. „Manganknollen", Band 5 der Cousteau-Umweltlesebücher). Durch die Möglichkeit, den Tiefseeboden ökonomisch zu nutzen, ergaben sich eine ganze Reihe neuer Fragen, die mit Hilfe des von Grotius deklarierten Prinzips nicht zu lösen waren.

Wem gehört das Tiefseebett und seine Reichtümer? Die Hohe See war nach Grotius frei zugänglich für alle. Hatte er damit auch den Tiefseeboden gemeint? Wenn ja, bedeutete dies, daß der Tiefseeboden niemandem speziell gehörte und deshalb demjenigen, der ihn sich am schnellsten zu eigen machte? Oder sollte „frei zugänglich für alle" bedeuten, daß der Meeresboden allen Menschen gemeinsam gehörte? Und wenn diese Frage mit Ja beantwortet werden müßte, was könnte das konkret bedeuten? Was zum Beispiel bedeutete es für die Privatunternehmer, die bereits mehrere Hundert Millionen in die Entwicklung der Technologie investiert hatten – und was für ein unschuldiges Kind in der trockenen Sahelzone in Afrika? Solcherlei Fragen gewannen in den sechziger Jahren zusehends an Gewicht.

Eine Stimme aus den ungezähmten Meeren

Im Jahre 1967 nahm Dr. Arvid Pardo, der Botschafter Maltas bei den Vereinten Nationen, zu eben diesen Fragen Stellung. Der Tiefseeboden, so sein Vorschlag, sollte als „gemeinsames Erbe aller Menschen" betrachtet werden. Als solches sollte er ausschließlich zu friedlichen Zwecken und zum Segen aller genutzt wreden. Darüber hinaus schlug Pardo vor, den Reichtum der auf dem Grunde der Meere gefunden werden könne, zur Beschleunigung des ökonomischen Fortschritts in den ärmeren Regionen der Welt zu verwenden.

Die Resolution wurde von der überwältigenden Mehrheit angenommen. 1970 konzentrierte sich die allgemeine Aufmerksamkeit auf Fragen der Weltmeere, so daß sich die Vereinten Nationen entschlossen, eine Dritte Seerechtskonferenz einzuberufen.

Bis zum ersten Zusammentreffen der Konferenzteilnehmer im Jahre 1973 war die Themenliste beträchtlich angewachsen. Dr. Pardo hatte hauptsächlich zum Problem des Meeresbodens Stellung genommen; nun standen auch andere Fragen im Vordergrund. Die Nutzung des Tiefseebodens war ebenso interessant wie die des Luftraumes über den Meeren und aller Raum zwischen diesen beiden Extremen.

Die Teilnehmer gingen mit großen Erwartungen in diese Konferenz. Es wurde die Hoffnung geäußert, eine verbindliche „Seerechts-Konstitution" könnte erarbeitet werden. Die Aufgabe war riesig: zwischen 114 und 158 Staaten (mehr als doppelt so viele Teilnehmerstaaten wie bei der ersten Seerechtskonferenz 1958) sollten über 25 verschiedene Themen arbeiten, dabei 61 Unterthemen bedenken und 19 Unter-Unterthemen diskutieren. Dabei waren alle aufgeworfenen Fragen sowohl komplex als auch hochgradig miteinander verknüpft. Insgesamt ließen sich die Themen der

Konferenz in fünf große Kapitel einteilen: Der Tiefseeboden, die Schiffahrt, die Fischerei, die Verschmutzung der Meere und die wissenschaftliche Forschung.

Seerechtspolitik

Sehr bald zeigte sich, daß ein Vorankommen, wenn überhaupt, nur sehr zögerlich würde vonstatten gehen können. Die Hauptschwierigkeit lag in der breiten Zersplitterung durch verschiedene politische Blocks und Interessengruppen. In dieser Hinsicht unterschied sich die Dritte total von der Ersten und Zweiten Seerechtskonferenz unter der Schirmherrschaft der Vereinten Nationen. Aber seit 1958 hatten sich die politischen Realitäten entschieden verändert.

Während die fünfziger und sechziger Jahre durch den großen Ost-West-Konflikt dominiert wurden, verschob sich das im Laufe der sechziger und in den siebziger Jahren zu einer Nord-Süd-Polarisation zwischen den reichen Industrienationen und den armen, nichtindustrialisierten Staaten. Letztere waren im Großen und Ganzen frühere Kolonien der Industriestaaten gewesen und hatten erst in den sechziger Jahren ihre Unabhängigkeit erlangt. Zur Zeit der Ersten Seerechtskonferenz hatten sie nicht einmal existiert und fühlten sich deshalb nicht an die dort gefaßten Entschließungen gebunden.

Die Seerechtskonferenz wurde schnell zu einem Tauziehen zwischen Nord und Süd. Diese beiden Blöcke unterschieden sich grundsätzlich in ihrer Haltung zu Fragen des Tiefseebodens, dem vermutlich schwierigsten Teil der ganzen Konferenz. Wie sollte mit dem Tiefseeboden umgegangen werden, damit alle Länder, speziell die ökonomisch benachteiligten, von seiner Ausbeutung profitieren könnten?

Beide Seiten einigten sich darauf, daß eine internationale Körperschaft geschaffen werden sollte, die die Ressourcen des Tiefseebodens verwalten sollte. Keine Einigkeit aber konnte über die Befugnisbreite dieser Körperschaft erzielt werden. Während der Süden sich für große Machtbefugnisse dieser Einrichtung aussprach, wollte der Norden so wenig Eingriffe wie möglich durch eine internationale Körperschaft.

Die bei den Verhandlungen auftretenden Spannungen wurden erhöht durch das Wissen, daß Vertreter mehrerer Konsortien oder privater Unternehmen aus verschiedenen Industriestaaten mit an den Tischen saßen und entschlossen waren, ihre Vorbereitungen zur

Ausbeutung des Tiefseebodens fortzusetzen, sollten die Gespräche ins Stocken geraten oder sich zu weit von ihren Interessen entfernen. Auch bei anderen Fragen ergaben sich durch den alles überlagernden Nord-Süd-Konflikt immer wieder Kontroversen. So wurden Verschmutzungskontrollmaßnahmen von einigen Entwicklungsländern als Eingriff in ihre inneren Angelegenheiten angesehen oder als weitere Erschwerung des ökonomischen Vorankommens. Wissenschaftlichen Meeresforschungen, fast ausschließlich eine Domäne der reichen Industrienationen, wurde von den armen Ländern mit erheblichem Mißtrauen begegnet.

Gegner werden Verbündete

Aber der Nord-Süd-Konflikt war nicht der einzige, der auf dieser Seerechtskonferenz ins Auge fiel: Als die Verhandlungen von den allgemeineren zu detaillierteren Fragen übergingen, ergaben sich immer wieder vorübergehende Interessenbündnisse, die über alle politischen Grenzen hinweg geknüpft werden konnten.

Es gab Bündnisse, die aufgrund von geographischen Gegebenheiten zustande kamen, wie das Beispiel der Binnenstaaten zeigt. 29 Staaten auf der Welt, von der Schweiz bis Obervolta, haben keinen direkten Zugang zum Meer. Als es den Anschein hatte, daß die Konferenz den Küstenstaaten großzügige Kontrollrechte über große Meereszonen zubilligte, taten sich die Binnenstaaten zum Einspruch zusammen und forderten gewisse Rechte für sich in den Meereszonen.

Ähnliche Sorgen über Handelszonen ließ eine sehr gemischte Gruppe der „geographisch benachteiligten Staaten" entstehen. In dieser Gruppierung fanden sich Staaten zusammen, die durch die vorgesehene Aufteilung des Meeres in Zonen weniger Vorteile für sich sahen als andere Staaten – beispielsweise wegen Eigenarten ihres Küstenverlaufs (oder nur kleiner Küstenabschnitte).

Die Frage des Abbaus der Rohstoffe am Meeresboden hatte eine andere Koalition von Staaten zur Folge, die zu Lande Mineralien abbauen und nun eine starke Konkurrenz fürchteten, so Zambia und Chile in bezug auf Kupfer und Indonesien bezüglich Nickel. Diese Länder forderten gemeinsam Kontrollen für die Ausbeutung des Meeresbodens, damit nicht ihre Mineralindustrie zusammenbrechen könnte.

Handels- und Verteidigungsfragen machten ideologische Gegner zu Verbündeten des Meeres: Die Vereinigten Staaten und die Sowjetunion sind die beiden wichtigsten Seemächte und entschiedene Unterstützer der Forderung nach Freiheit der Schiffahrt. Insbesondere wollen sie rund 100 Meerengen oder Gewässer vor Inseln zu internationalen Wasserwegen erklären, bevor diese zum Hoheitsgebiet einiger Staaten gemacht werden, wenn die Drei-Meilen-Zone auf 12 Seemeilen erweitert wird – wie ein anderer Plan der Dritten Seerechtskonferenz lautet.

Diese Flickendecke der Verhandlungsthemen verlängerte die Dauer der Konferenz. Das gleiche bewirkte ein anfangs getroffenes Gentlemen's Agreement, das die Teilnehmer verpflichtete, über jede einzelne Frage zu einem Konsens zu kommen, ehe über das Gesamtabkommen abgestimmt werden könnte. Durch diese Maßgabe wurde die Möglichkeit, seine Zustimmung zu versagen, ein Machtmittel. Andererseits trieben die Länder und die Unternehmen, die entschlossen waren, notfalls Einzelinitiativen zu ergreifen, die Verhandlungen an.

Der heutige Stand

Im August 1980 wurde endlich der Text der Verhandlungen in Genf verabschiedet und konnte den Vollversammlungen in New York und Caracas im Jahre 1981 zur Schlußabstimmung vorgelegt werden. Während nur noch recht unbedeutende Kleinigkeiten ausgefeilt werden müssen, wird die Zustimmungsprozedur wahrscheinlich Jahre dauern, und die maßgeblichen Strukturen, die dieser Vertrag in sich birgt, werden eine lange, vielleicht kontroverse Entwicklungsphase durchlaufen. Der Vertrag umfaßt folgende Punkte, die breite Zustimmung erhalten haben:

1. Die Schutzzone ist auf 12 Meilen festgesetzt worden. Einige Meerengen und Küstengewässer vor Inseln wurden zu internationalen Wasserwegen erklärt, die für ausländische Schiffe frei sind.

2. Küstenländer haben eine 200 Meilen große „ausschließliche Handelszone" sowie die Besitzrechte des Kontinentalschelfs an den Stellen erhalten, an denen es sich über mehr als 200 Seemeilen erstreckt. In diesen Fällen haben die entsprechenden Staaten zwei Möglichkeiten zur Feststellung der äußeren Grenze des Kontinentalschelfs. So kommen einige Länder tatsächlich zu einer 350-Meilen-Grenze, manche sogar zu noch mehr. Der Abbau von Rohstoffen

außerhalb der 200-Meilen-Zone muß von einer internationalen Körperschaft bewilligt werden. Die Gewinne müssen zum Nutzen der Entwicklungsländer zur Verfügung gestellt werden, wobei den am wenigsten entwickelten und den Binnenstaaten Vorrang zu gewähren ist.

3. Binnenstaaten haben begrenzte Rechte zum Fischfang in den „ausschließlichen Handelszonen" der Küstenländer erhalten, aber die Regelung der Einzelheiten bleiben zum großen Teil den Küstenländern überlassen.

4. Es soll eine internationale Meeresboden-Kommission eingerichtet werden, die aus einem Rat, einer Versammlung, einem Sekretariat und einer ausführenden Abteilung, genannt „The Enterprise" (Das Unternehmen) besteht. Die Kommission soll über die Zulassungsgewalt verfügen, privaten Gesellschaften die Ausbeutung des Meeresbodens zu gestatten oder selbst im Auftrag der nichtindustrialisierten Länder Abbau zu betreiben. Private Bergbauunternehmen, die sich um die Abbaurechte für den Meeresboden bewerben, müssen zwei Gebiete vergleichbarer Größe und Wertigkeit suchen. Die Kommission wählt dann einen der beiden Standorte für den eigenen Abbau oder zur treuhänderischen Verwaltung, der andere Standort wird dem Unternehmen überlassen, das auch noch Förderabgaben zahlen muß.

5. Die Kontrollen zur Schmutzabgabe von Schiffen ist verstärkt worden. Alle Staaten sind außerdem verpflichtet, die vom Land ausgehenden Verschmutzungen zu kontrollieren. Einzelheiten der Regelung sind aber den individuellen Staaten überlassen. Mögliche Verunreinigungen durch den Mineralabbau in der Tiefsee werden streng überwacht. Wenn es für nötig erachtet wird, soll die Ausbeutung des Meeresbodens untersagt werden.

6. Die Erlaubnis zur Durchführung wissenschaftlicher Untersuchungen innerhalb der 200-Meilen-Zone muß von dem Land erbeten werden, zu dessen Hoheitsgewässern die Zone gehört. Alle Staaten wurden aufgefordert, diese Erlaubnis nicht grundlos zu verwehren, während gleichzeitig den Wissenschaftlern vorgeschlagen wurde, das Gastland in die Forschungsaufgaben mit einzubeziehen und alle Funde mit ihm zu teilen.

7. Zur Beilegung von Streitfällen wurde ein internationales Seerecht-Tribunal eingesetzt.

Schwindende Ideale

Die meisten Kritiker haben betont, daß die nationalen Interessen der einzelnen Länder die Konferenz weit mehr bestimmt haben als das ursprüngliche Ziel, eine gemeinsame Erbschaft anzutreten. Die Einrichtung der 200-Meilen-Handelszone für jeden einzelnen Küstenstaat hat beispielsweise das gemeinsame Erbe um ein Drittel schrumpfen lassen. Genau in diesem Drittel aber befinden sich laut Schätzungen beinahe alle wesentlichen Ölvorkommen. Auch stellen diese Zonen die wichtigsten Fischereigebiete der Welt dar.

Verschiedene Beobachter, darunter auch Dr. Pardo fürchten, daß die Ergebnisse der Dritten Seerechtskonferenz die Konflikte zwischen den Ländern eher schüren als vermindern. Nur leichte Eingriffe bei der Festlegung der Grenzen können beispielsweise einen gewaltigen Unterschied ausmachen: nämlich den, ob ein Staat selbst ein riesiges Ölfeld ausbeuten kann oder ob er dem Nachbarn dabei zusieht. Vielen, die die Sprache der Seerechtskonferenz betrachten, scheint sie im Gegensatz zu den verlautbarten Grundsätzen von Gegenseitigkeit und Gemeinsamkeit zu stehen, die einst den Ausschlag für die Konferenz gegeben hatten. Der ursprüngliche Vorschlag von Dr. Pardo, eine weltweite Kommission zu bilden, die küstennahe Ressourcen und Lebensräume kontrolliert, wurde gleich zu Beginn der Verhandlungen fallengelassen. So halten einige den Vertrag für eine bedeutende verpaßte Gelegenheit. J.K.

Die heißesten Fragen im internationalen Umweltschutzgeschäft

Der kanadische Umweltminister John Frasier erklärte auf einer internationalen Konferenz im Jahre 1979 den sauren Regen zur ernsthaften Bedrohung für die Umwelt seines Landes. Bei saurem Regen handelt es sich um ein Problem, das Kanada sowohl im- als auch exportiert. Die Schwefeldioxid-Dämpfe, die den sauren Regen verursachen, ziehen aus kanadischen Schornsteinen nach den Vereinigten Staaten, während gleichzeitig aus amerikanischen Schloten Rauch aufsteigt und nach Kanada zieht. „Das Problem kann ohne ein Abkommen zwischen den beiden Staaten nicht gelöst werden", so Frasier.

Frasiers Bemerkung fiel auf einer internationalen Fachtagung zum Thema „saurer Regen", der gerade als neueste Bedrohung unserer Umwelt erkannt worden war (s. a. „Das sündige Gift: saurer

Regen", Band 2 der COUSTEAU-UMWELTLESEBÜCHER). Wie Luft- und Wasserverschmutzung ignoriert der saure Regen nationale Grenzen. Was in einem Land als Rauch aufsteigt und in den Wolken verschwindet, kommt im anderen als saurer Regen wieder herunter. Mögliche Lösungen dieses Problems bewegen sich in eben dieser Grauzone des internationalen Umweltrechts. Dies ist aber kein Recht, wie die meisten Menschen es sich vorstellen: kein genau festgelegter Regelkatalog mit ebenso festgesetzten Strafen für Übertretungen. Das internationale Umweltrecht ist eine Sammlung von Verträgen und Zusicherungen, von diplomatischen, zuweilen unentwirrbaren Geheimcodes. Wenngleich sich viele Länder seit mehr als 40 Jahren um die Verfassung eines internationalen Rechts zur Kontrolle der Umweltverschmutzung bemühen, so wurden ihre Bemühungen bislang doch stark durch Mißtrauen, Konkurrenz- und ökonomisches Zweckdenken gelähmt. Juristen haben Verträge vorformuliert, Kommissionen gebildet, zahlreiche Überprüfungsausschüsse gegründet, aber die wachsende Anzahl von Chemikalien und Technologien haben ihr ohnehin schleppendes Werk völlig unzureichend gemacht. Ironischerweise erscholl Minister Frasiers Warnung genau 44 Jahre, nachdem ein internationales Tribunal in einem erstaunlich ähnlich gelagerten Streitfall zwischen den USA und Kanada ein Urteil über Umweltschäden durch Luftverschmutzung im anderen Land gefällt hatte. Das damals erlassene Urteil wurde als die *Trail-Smelter*-Entscheidung bekannt und als Meilenstein in der internationalen Rechtsprechung angesehen. Aber über 40 Jahre später rauchen die Schornsteine immer noch, sterben weiterhin Fische und reden Politiker, Wissenschaftler und Juristen immer noch.

Die Fragen sind schwierig, der Prozeß schreitet langsam voran, die zu behandelnden Themen scheinen oft weit von unseren Alltagssorgen entfernt. Die Antwort auf die grundlegende Frage nach den Möglichkeiten einer weltweiten Zusammenarbeit zum Schutze unseres Planeten wird maßgeblich festlegen, ob wir die großen biologischen Systeme dieser Welt retten können oder nicht. Im folgenden werden einige der wichtigsten Fragen des internationalen Umweltrechts vorgestellt.

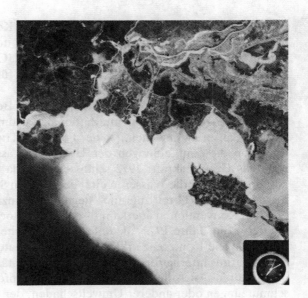

Die Wasserverschmutzung kennt keine Grenzen. Dieses Satellitenphoto zeigt Sedimente und andere Schmutzstoffe im Wasser vor der Küste von Louisiana. (*NASA*)

Verschmutzung über Grenzen hinweg

Die internationale Rechtsprechung über die Zuständigkeit eines Landes für Umweltschäden außerhalb seiner Grenzen steckt noch in den Kinderschuhen. In einzelnen Verträgen zwischen Staaten, die eine gemeinsame Grenze haben, sind aber schon klare Aussagen zur Verantwortlichkeit zu finden. Die in diesen Verträgen angewandten Prinzipien können in Zukunft als internationale Standards anerkannt werden. Der bislang wirkungsvollste Ausschuß war vielleicht die *International Joint Commission* (IJC), die 1909 zum Vertragsabschluß über den Wasserverlauf zwischen den USA und Kanada gegründet wurde. Wenn diese Kommission auch nur untersuchende und beratende Funktionen hatte, so stand ihr doch mit der Öffentlichkeitsarbeit ein Mittel zur Verfügung, das die Kommission zu nutzen wußte. So konnte sie ihre Ergebnisse bei mehreren Gelegenheiten ausführen. Am deutlichsten wurde dies in dem schon erwähnten Trail Smelter-Fall im Jahre 1935, der bis 1980 immer noch der einzige Umweltschutzskandal geblieben ist, der gerichtlich verfolgt wurde. Im Trail-Smelter-Fall wurde eine Eisenhütte in Britisch-Kolumbien (Kanada) für schuldig befunden, Schwefelgase ausgestoßen zu haben, die die Ernte von amerikanischen Bauern im Staate

Washington vernichteten. Eine internationale Kommission, bestehend aus einem Amerikaner, einem Kanadier und einem Belgier, kam in der Hauptsache durch Beweise, die die IJC vorlegen konnte, zu dem Schluß, die kanadische Regierung müsse für Schäden in Höhe von 350000 Dollar (rund 900000 DM) haften.

Dieses Urteil ist in zweifacher Hinsicht von Bedeutung: Erstens zeigt es die Fähigkeit von internationalen Kommissionen, einen solchen Fall zu untersuchen. (In der Folge des Trail-Smelter-Urteils erlangten die Empfehlungen der IJC über Wasserverschmutzung ebenfalls Gesetzeskraft: 1972 schlossen Kanada und die USA ein Abkommen über die Wasserqualität der Großen Seen ab.) Zweitens wurden die dem Urteil zugrunde liegenden Prinzipien von internationalen Konventionen anerkannt, so von der Stockholmer Umwelt-Konferenz im Jahre 1972, die unter der Schirmherrschaft der UNO stattfand. Die Konferenz erklärte, Mitgliedsstaaten sollten zur weiteren Klärung internationaler und regionaler Zuständigkeiten zusammenarbeiten. Auch die Entschädigung für die Opfer von Umweltverschmutzungen oder anderer Umweltschäden, der durch Aktivitäten in einem Staat ausgelöst, in einem anderen aber entsteht, sollte rechtlich geregelt werden.

Sicherheit der Meere und Verschmutzung

Seit der Jahrhundertwende treffen Vertreter der verschiedensten Länder zusammen, um Regeln über die Schiffahrt, die vielleicht am wenigsten auf eine Nation beschränkte Industrie, zu erarbeiten. Aber erst im Jahre 1959 gelang es der damals elf Jahre alten UNO, unter ihrer Schirmherrschaft eine ständige Konferenz zu schaffen: die *Inter-Governmental Maritime Consultive Organization* (IMCO). Sie soll Abkommen über die Sicherheit der Meere und die Reinhaltung des Wasser entwerfen und durchsetzen. Die IMCO, deren Hauptsitz in London liegt, zählt 106 Mitglieder, darunter natürlich die Hauptschiffahrtsnationen. Sie treffen sich alle zwei Jahre, um Probleme der Schiffssicherheit, der Seefahrt und der Wasserverschmutzung zu diskutieren. Abkommen müssen von einer bestimmten Mehrheit ratifiziert werden, was zwischen 90 Tagen und mehreren Jahren dauern kann. Aber selbst nach Ratifizierung eines Vertrags ist immer noch das Land, unter dessen Flagge das beschuldigte Schiff fährt, allein für den Strafvollzug zuständig.

IMCO-Beschlüsse bezüglich der Sicherheit auf dem Meer sollen die Unfallrate auf den Ozeanen senken. So wurden beispielsweise allgemein anerkannte Fahrtrouten in besonders stark befahrenen Gebieten und Sicherheitsinspektionen festgelegt. Ein Abkommen gestattet es den Hafenbehörden, ausländische Schiffe am Auslaufen zu hindern, wenn sie ihnen nicht seetüchtig erscheinen. Ein Großteil der Aufmerksamkeit der IMCO richtet sich auf die Verhinderung von Verschmutzungen durch Öl, Chemikalien, Abfälle oder andere Stoffe sowie auf die Entschädigung der Länder, die durch Verschmutzung aus ausländischen Quellen Schaden erleiden (s. a. „Versteckte Kosten einer Ölkatastrophe", Band 2 der COUSTEAU-UMWELTLESEBÜCHER).

Die Aufmerksamkeit der Öffentlichkeit ist in starkem Maße auf auffällige Ölkatastrophen gerichtet, dabei gelangt jährlich viel mehr Öl durch Routinearbeiten in die Weltmeere, z. B. durch das Auslassen von ölhaltigem Ballastwasser oder die Reinigung der leeren Tanks auf See. Von den 6 Millionen Tonnen Öl und Ölderivate, die jährlich in die Weltmeere fließen, kommen 35 Prozent aus der Schiffahrt, nur zehn Prozent dagegen stammen von Unfällen. Trotzdem kann eine Ölkatastrophe durch die Konzentration einer großen Menge Öl für einen Küstenstreifen absolut verheerende Auswirkungen haben. Frühe Abkommen der IMCO beschränkten den Ölauslaß auf einen geringen prozentualen Anteil der Gesamtfrachtkapazität. Das Auslassen von Öl innerhalb von 50 Seemeilen vor einer Küste wurde gänzlich untersagt. Auch legte die IMCO Größenbeschränkungen für Tankschiffe fest, damit Ölkatastrophen nach Unfällen ein bestimmtes Ausmaß nicht überschreiten.

Im Jahre 1973 wurde ein umfassenderes Abkommen angenommen, das zukünftige Verschmutzung durch Schiffe verringern sollte, aber noch im Jahre 1980 war es nicht von allen Mitgliedsländern ratifiziert worden. In diesem Abkommen wird die zulässige Ölmenge, die bei Routinearbeiten ausgelassen werden darf, weiter verringert. Gebiete, in denen Ölausläufe völlig verboten sind, werden extra benannt. Es sind dies das Mittelmeer, das Schwarze Meer, die Ostsee und das Rote Meer. Die Kontrollen über andere gefährliche Abfallstoffe werden nach diesem Abkommen verschärft. In neuen Schiffen über 750000 dwt (dead weight tons) sollen getrennte Ballasttanks eingerichtet werden, damit das Ballastwasser sich nicht mehr mit Öl mischt. Von diesen Regelungen sind Abfälle aus dem Abbau des Tiefseebodens ausdrücklich ausgenommen (s. a. „Manganknollen", Band 5 der COUSTEAU-UMWELTLESEBÜCHER). Ein weiteres Abkommen, das bislang noch nicht ratifiziert wurde, regelt die entstehenden Kosten. Für Reinigungskosten nach einer Ölkatastrophe, die die von der Versicherung übernommene Summe (von Fall zu Fall bis zu 56 Millionen Dollar (rund 150000 Millionen DM) übersteigen, soll ein Fond geschaffen werden. In ihn einzahlen sollen die Nationen, denen Öl per Seefracht geliefert wird. Die USA haben sich geweigert, dieses Abkommen zu ratifizieren, denn sie halten den Grenzwert von 56 Millionen Dollar für viel zu niedrig bemessen. Als Beispiel führen sie die *Amoco Cadiz* an, den 230000-Tonnen-Frachter, der 1978 die Küste der Bretagne mit 1,5 Millionen Barrel Öl verseuchte. Die Kosten der Reinigung zur Behebung dieses Schadens beliefen sich auf 84 Millionen Dollar (über 200 Millionen DM).

Inzwischen haben sowohl die Vereinigten Staaten als auch andere Länder ihre eigenen Gesetze zur Regelung der Verantwortlichkeiten bei Wasserverschmutzungen durch Ölausläufe oder Off-Shore-Bohrungen (Off-Shore-Ölquellen werden von der IMCO nicht behandelt) erlassen. Die Regierung der USA hat einen Fond von 35 Millionen Dollar zur Verfügung gestellt, und die Ölindustrie wurde per Gesetz verpflichtet, 200 Millionen Dollar für etwaige Ölkatastrophen bereitzuhalten.

Verletzungen der von der IMCO beschlossenen Verträge haben keine festgesetzten Strafen zur Folge. Tritt eine Verletzung der Regelungen auf, so schickt die betroffene Nation einen Bericht und die Beweismittel an das Land, unter dessen Flagge das betreffende Schiff zur Tatzeit fuhr. Die IMCO erhält lediglich eine Kopie der Berichte über den Fortgang der Beschwerde. Die Bemessung des Strafmaßes und die Durchsetzung bleibt dem jeweiligen Staat überlassen. Mehrere Länder, darunter Liberia und Griechenland, haben sich einen Namen als „Billigflaggenländer" gemacht. Sie sind zwar Mitglieder in der IMCO, aber sie handhaben deren Abmachungen extrem lax – natürlich ein entscheidender Grund für ihre Beliebtheit bei ausländischen Reedern.

Kernenergie

Für Juristen stellen sich auf internationaler Ebene zwei Komplexe von Bedeutung dar: die Atombombenversuche und die Kernreaktoren. Aufgrund der augenfälligen Gewichtigkeit der Probleme wurden in den Jahren seit 1945 eine ganze Reihe von Konventionen und

Vereinbarungen getroffen, die helfen sollen, die Atomkraft zu kontrollieren. Aber wie auf allen anderen Gebieten so zeigt sich auch hier der Hauptnachteil internationaler Abkommen: Es fehlen angemessene Maßgaben zur praktischen Umsetzung.

Am Beispiel der Atomwaffentests wurde der klassische Konflikt zwischen der nationalen Staatsgewalt und internationaler Kontrolle sichtbar. Nichts trennt die Atomstaaten von den Nichtatomstaaten auf dem Feld militärischer Stärke mehr als der Besitz eben der Atomwaffen. Die Staaten, die die Atombombe haben, gehören dem „Club" an, einer exklusiven Vereinigung weniger Staaten, die gern unter sich bleiben möchten und die Kontrolle über eine entscheidende Ressource behalten wollen (s. a. „Der Atom-Club", Band 4 der COUSTEAU-UMWELTLESEBÜCHER). Sie haben ganze Waffenlager voller Atomwaffen, erklären nun die Versuche für gefährlich und streben eine internationale Limitierung dieser Tests an. Der diesem Verhalten innewohnende Hohn wurde zum Beispiel von Frankreich und China erkannt. Diese beiden militärisch wichtigen Mächte gehören zu den über 50 Staaten, die die Test-Stopp-Verträge nicht ratifiziert haben.

Der Nichtverbreitungs-Vertrag wurde 1968, 23 Jahre nach dem Abwurf der ersten Atombombe auf Japan unterzeichnet. Etwa zwei Jahre nach Vertragsentwurf hatte eine ausreichende Anzahl an Ländern zugestimmt, so daß die in ihm enthaltenen Restriktionen in Kraft treten konnten. Natürlich verfügten viele der Länder nicht über die entsprechenden Technologien, um eine Atombombe zu entwickeln, so daß die Vertragsunterzeichnung eine Eigenbeschränkung bedeutete. Sie versprachen dadurch, keine Atomwaffen zu entwickeln oder von anderen Ländern zu übernehmen. Außerdem erklärten sie sich mit Kontrollen ihrer „friedlichen" Kernenergienutzung einverstanden, die sicherstellen soll, daß nicht Teile der für die friedlichen Zwecke benötigten Materialien für den Bau von Atomwaffen beiseite geschafft werden. Diese Kontrollen wurden der Internationalen Atom-Energiebehörde übertragen, die ihren Hauptsitz in Wien hat. Über 100 Nationen sind in ihr vertreten.

Der Nichtverbreitungs-Vertrag nimmt diejenigen Länder von Kontrollen durch die Atomenergiebehörden aus, die über Produktionsstätten für Atomwaffen verfügen. Dieser Zusatz verärgert Entwicklungsländer. Um diesem Ärger zu begegnen, haben sich die Briten und die Amerikaner bereit erklärt, ihre nichtmilitärischen Kernenergie-Einrichtungen in diese internationalen Kontrollen einzubeziehen (der US-Senat muß diesem allerdings noch zustimmen). Alle militärischen Einrichtungen aber sollen von den Kontrollen ausgenommen bleiben. Die Sowjetunion hat erklärt, daß sie unter keinen Umständen bereit sei, ausländischen Kontrollinspekteuren Zutritt zu irgendeiner Einrichtung zu gewähren, die mit Nuklearenergie arbeitet – friedlich oder militärisch.

Um die Unterstützung durch die Nichtatommächte zu sichern, haben sich die Atomstaaten im Nichtverbreitungs-Vertrag verpflichtet, „den bestmöglichen Austausch von Ausrüstungsgegenständen, Materialien und wissenschaftlichen und technischen Informationen zur friedlichen Nutzung der Kernenergie anzustreben". Die Supermächte verständigten sich außerdem darauf, in gutem Glauben Verhandlungen zur Beendigung des atomaren Wettrüstens aufzunehmen. Keines dieser Versprechen, die die einzigen großen Zugeständnisse der Atommächte waren, ist je eingehalten worden.

Die Atommächte waren zwar bereit, Kernkraftwerke an andere Länder zu verkaufen, aber weitaus geringer war ihre Bereitschaft, auch die Urananreicherung, die Herstellung der Brennelemente und die Wiederaufbereitungsmaßnahmen an Drittländer zu veräußern. Diese sind aber entscheidende Bestandteile des Nuklearkreislaufs. Speziell die USA haben sich dem Export dieser Zusatztechnologien widersetzt. Sie fürchten, daß andere Staaten dadurch leichter in die Lage versetzt würden, Kernwaffen zu entwickeln. Das US-amerikanische Gesetz zur Nichtverbreitung von Kernkraft aus dem Jahre 1978 scheint den internationalen Nichtverbreitungs-Vertrag zu verletzen, indem es einseitig den Export von Nukleartechnologien limitiert. Die Vereinigten Staaten erhalten sich natürlich durch diese Beschränkungen einen Markt für ihre Kernbrennstoff-Industrie.

Die Staaten, die den Nichtverbreitungs-Vertrag unterzeichneten, taten dies aus zwei Gründen. Zum einen hegten sie die Hoffnung, durch die Anerkennung der militärischen Vorherrschaft der Atommächte ihre Energieversorgung zu sichern. Zum anderen glaubten sie der Versicherung, das Potential für einen atomaren Konflikt würde durch eine teilweise Abrüstung abgebaut. Bislang scheint das Mißtrauen der Staaten, die eine Unterzeichnung verweigert haben, gerechtfertigt.

Gleichwohl ist der Nichtverbreitungs-Vertrag in den letzten fünfzehn Jahren ein wertvolles Abschreckungsmittel gewesen. Die Ausbreitung von Atomwaffen konnte in Grenzen gehalten werden und durch den Austausch von Wissen auf dem Gebiet der Technologie wurde die friedliche Nutzung der Atomkraft in den Ländern sicherer gemacht, die über wenige spezialisierte Techniker verfügen. Aber unter den Nichtatomstaaten wächst die Unzufriedenheit mit dem Nichtverbreitungs-Vertrag. Die Atommächte werden in Zukunft verstärkt auf die Bedürfnisse und Ängste der anderen Länder eingehen müssen, wenn die Schrecken eines Atomkrieges abgewendet werden sollen.

Zugang zu neuen Ressourcen

In relativ wenig ausgebeuteten Gebieten wie der Antarktis, dem Tiefseeboden und dem äußeren Weltraum wurde durch internationale Abkommen versucht, das zu verhindern, was im 19. Jahrhundert zu Lande passiert war: die Vereinnahmung wichtiger Landstriche durch die mächtigen Länder. Da der ökonomische Wert der von menschlicher Zivilisation weit entfernten Gebiete noch nicht feststeht, gibt es auch nur wenige althergebrachte Ansprüche auf die Antarktis, den Tiefseeboden oder den äußeren Weltraum, die den Kooperationsabsichten entgegenstehen.

Der Antarktis-Vertrag wurde im Dezember 1959 von den Staaten der südlichen Hemisphäre, die der Antarktis am nächsten waren, sowie von einigen anderen Staaten, die sich für wissenschaftliche Forschungen auf Antarktika interessierten, unterzeichnet. Am 23. 6. 1981 trat der Vertrag in Kraft. Er untersagt jede Kernexplosion in dem Gebiet und empfiehlt regelmäßige Treffen zum Austausch wissenschaftlicher Daten, so daß die gewonnenen Erkenntnisse allgemein zugänglich werden (s. a. „Die Antarktis", Band 3 der COUSTEAU-UMWELTLESEBÜCHER).

Die Entdeckung der Bedeutung von Manganknollen auf dem Boden der Weltmeere als einer Quelle von Mineralrohstoffen hat die Debatte über die Bedeutung des Passus „frei zugänglich für alle" im Seerecht neu aufleben lassen. Die Seerechtskonferenz hat festgelegt, daß ein Land, das Manganknollen ökonomisch ausbeuten will, die Funde mit einem Konsortium von Ländern teilen muß, denen die entsprechende Technologie nicht zur Verfügung steht. Allerdings sind noch jede Menge Fragen offen geblieben (s. a. „Ein Gesetz für das Meer", S. 88 und „Manganknollen", Band 5 der COUSTEAU-UMWELTLESEBÜCHER).

Es sind zwar schon viele Satelliten in den Weltraum geschossen worden und zwei Länder haben sogar Menschen zum Mond geschickt, aber bislang verfügt niemand über die entsprechenden Technologien, andere Planeten ökonomisch auszubeuten. Vorausschauend haben sich mehrere Staaten bereits heute darauf geeinigt, daß niemand ein Stück des Himmels für sich allein beanspruchen wird. Darüber hinaus haben sich diejenigen Länder, die im Besitz der Raumfahrttechnologien sind, bereit erklärt, die Verantwortung für daraus entstehende Schäden zu übernehmen. Diese Übereinkunft stand 1979 auf dem Prüfstand, als Überreste der US-Rakete Skylab in einem ländlichen Gebiet von Australien niederging. Die USA zahlten für den entstandenen Schaden. Andererseits weigerte sich 1978 die UdSSR, die Schäden anzuerkennen und zu zahlen, die durch den Absturz ihres nuklearbetriebenen Raumschiffes Kosmos 954 über Nordwestkanada entstanden waren (s. a. „Müll im Weltall", Band 4 der COUSTEAU-UMWELTLESEBÜCHER).

Im Jahre 1963 wurde der Weltraumvertrag von der Generalversammlung der Vereinten Nationen angenommen. Er trat 1967 in Kraft und zeigt, daß es den Menschen durch Zusammenarbeit möglich ist, nicht wiedergutzumachende Schäden rechtzeitig zu vermeiden.	B.L., M.P., K.F.

Gesetze zum Umweltschutz rund um die Welt

- In der Schweiz, wo noch kein Smog die Sicht auf die Berggipfel verhindert, existiert ein einzigartiges Luftverschmutzungsgesetz. Ist einmal ein Verursacher von Luftverschmutzung überführt worden, so bestellt das Gericht, das das Urteil ausgesprochen hat, ein Unternehmen zur Beseitigung der Schmutzursache und zur Lösung des Problems. Die entstehenden Kosten hat das verurteilte Unternehmen zu zahlen.
- Norwegen hat ein Gesetz zur Eindämmung des Energieverbrauchs in Privathaushalten verabschiedet. Alle Privathäuser müssen nun mit Kaminen gebaut werden, an die ein offenes Feuer oder ein Ofen angeschlossen werden kann. Zusätzlich muß jedes Haus eine alternative Heizquelle erhalten.
- Süd-Korea verfügt über außerordentlich strenge Gesetze gegenüber motorisierten Verkehrsteilnehmern. Neue Verordnungen setzen einen Abgashöchstwert fest. Autofahrer, die mit höherem Abgasausstoß erwischt werden, müssen Strafen bis zu umgerechnet 80 000 DM zahlen und können außerdem Gefängnisstrafen bis zu drei Jahren

bekommen. Wer die neuen Abgasverordnungen übertritt, aber ein Auto fährt, das schon vor Inkrafttreten des neuen Gesetzes zugelassen war, wird etwas milder behandelt: Er muß nur ein Jahr Gefängnis fürchten.
• Der durchschnittliche Sowjetbürger ist einfach überfordert, wenn er versucht, das umfangreiche russische Umweltschutzgesetz zu verstehen. Zu den interessantesten Abschnitten gehören die, die das Fischen regeln. Per Definition gibt es zwei Arten von Fisch in der Sowjetunion: „wertvolle" und „Wildarten". Wird jemand beim Fischen von „Wildarten" ohne gültige Lizenz erwischt, so wird eine Geldstrafe in Höhe des entstandenen Schadens festgesetzt. Wird jedoch „wertvoller" Fisch gefangen – Lachs führt hier die Liste an –, so wird immer Gefängnisstrafe verhängt.
• In Kenia gibt es offiziell keine Definition von „Umwelt" und kein nationales Umweltschutzgesetz. Der Umgang mit Problemen aus dem Bereich des Umweltschutzes ist den Bezirksregierungen überlassen, die mit den entsprechenden Rechten ausgestattet sind, Verschmutzungen zu verhindern oder zu untersagen, wenn sie sie für schädlich für die Gesundheit und das Wohlergehen der Bevölkerung erachten.
• In Südkorea arbeitet die Überprüfungsbehörde für Industrieverschmutzung mit dem Moment der Überraschung. Unangemeldet erscheinen ihre Inspektoren in Industriebetrieben und -werken, um sich einmal umzusehen. Der Erfolg blieb nicht aus: Seitdem wurde 152 Unternehmen die Lizenz entzogen, 155 Fabriken wurden aufgefordert, das Land zu verlassen und 874 wurden Auflagen zur Verringerung ihres Schmutzausstoßes verordnet.
• Ein kürzlich in China in Kraft getretenes Gesetz zum Schutz der Umwelt ist ein gutes Beispiel für ein innovatives anstatt eines strafenden Gesetzes. Das Gesetz sieht Belohnungen für praktizierten Umweltschutz vor, hauptsächlich in Form von Steuererlässen oder -ermäßigungen. So erhält ein Unternehmen, das Abfälle wieder zu Rohstoffen verarbeitet, nicht nur einen Steuerfreibetrag, ihm wird auch größere Freiheit bei der Preisgestaltung seiner Produkte gewährt.
T.K.

Verordnungen über Tiere

Die internationale Walfangkommission (IWC)

Mitgliedsstaaten: 27 (Stand: 1980)
Walfangstaaten: Brasilien, Chile, Dänemark, Island, Japan, Norwegen, Peru, Spanien, Südkorea, UdSSR
Mitgliedsstaaten, die keinen Walfang betreiben: Argentinien, Australien, Bundesrepublik Deutschland, Frankreich, Großbritannien, Kanada, Mexico, Neuseeland, die Niederlande, Panama, die Seychellen, USA
Walfangnationen, die keine Mitglieder sind: Nordkorea, Portugal, Taiwan, Zypern.

Die IWC ist eine eigenverantwortliche Gesellschaft von Walfangnationen und solchen, die keinen Walfang betreiben. 1946 wurde sie gegründet mit dem Ziel, die Walbestände der Weltmeere zu erhalten (s. a. „Wale", Band 3 der COUSTEAU-UMWELTLESEBÜCHER).

Hauptaufgabe der Gesellschaft war es, Walbestände aufzuzeichnen und Fangquoten für die einzelnen Arten festzulegen. Obwohl es völlig unmöglich ist, genaue Zählungen der Walpopulationen durchzuführen, hat sich ein Gremium aus Wissenschaftlern zusammengetan, um vorhandene Daten zu analysieren und entsprechende Quoten festzulegen. Die Mitglieder des Gremiums wurden von den Mitgliedsstaaten benannt. Mitglieder können die vorgeschlagenen Fangquoten anfechten, aber das passiert selten.

Während mehr als zehn Jahren sind die Quoten beständig gesunken. 1969 war noch ein weltweiter Fang von über 40000 Walen zugelassen; bis 1980 war diese Zahl auf 15853 gesunken. Mehrere Walarten – Blauwal, Grauwal, Buckelwal, Finnwal und Pottwal – werden für ökonomisch nicht mehr lohnend angesehen und unterliegen daher einem totalen Fangverbot. Eine umstrittene Ausnahme bildet hier eine geringe Quote für Pottwale und Grauwale im Nordmeer, die die dort angesiedelten Eskimo zur Sicherung ihres Überlebens benötigen.

Wirkungsvolle Fangquoten müssen auf konkretem Zahlenmaterial und biologischen Untersuchungen basieren; aber da die Beobachtung von Meerestieren (speziell von solchen, die Tausende von Seemeilen auf unbekannten Wegen zurücklegen) so schwierig und aufwendig ist, gehen die Meinungen der verschiedenen Wissenschaftler über die Größe der Walbestände häufig auseinander. Durch unzureichende finanzielle Mittel in der Arbeit behindert, müssen die Wissenschaftler oft ihre Entscheidungen auf der Grundlage ungenügenden Zahlenmaterials treffen.

Eine wichtige IWC-Resolution verbietet den Verkauf von Walfangausrüstungen oder -technologie an Nicht-Mitgliedsländer, ein anderes bedeutendes Abkommen untersagt den Einsatz von schwimmenden Fischfabriken (die äußerst effektiv arbeitenden Mutterschiffe können innerhalb einer Stunde einen 24 Meter langen Wal zu den verschiedensten Produkten weiterverarbeiten) und erklärt den Indischen Ozean zur Walschutzzone bis zum Jahre 1985.

Aufgrund ökonomischen Drucks haben Japan und andere Walfangnationen bislang alle Abmachungen ignoriert, die ihren Profit mindern würden. Wenn die Fangquoten zu niedrig ausgefallen waren, wurden von den Walfängern einfach neue festgesetzt; waren die Regulierungen zu streng, dann gründeten japanische Firmen in Südamerika Sub-Unternehmen, die jährlich Tausende der gefährdeten Wale töteten – viele davon noch unter der normalen Fanggröße.

Um diesem Mißbrauch entgegenzuwirken, haben die Vereinigten Staaten vor wenigen Jahren denjenigen Ländern mit Handelsbeschränkungen gedroht, die ein internationales Fischschutz-Programm nicht achteten. Speziell denen, die IWC-Regeln übertreten, sollte der Fischfang innerhalb der US-amerikanischen 200-Meilen-Zone untersagt werden. Aber weder Japan noch die Sowjetunion können es sich leisten, ihre wichtigen Fischgründe im nördlichen Pazifik zu verlieren. Vielleicht hat das japanische Parlament nur aufgrund dieser Bedrohung nun endlich ein Gesetz verabschiedet, das die Einfuhr von Walprodukten verbietet.

Leider verfügt auch die IWC nicht über Erfüllungsrechte. Mitglieder der IWC dürfen zwar Walfangschiffe von Mitgliedsstaaten zur Beobachtung betreten, aber die Anerkennung der festgesetzten Fangquoten und anderer Abkommen ist freiwillig. Zur Zeit ist die Stimmung der Öffentlichkeit die wirkungsvollste Waffe gegen weitere Waljagd.

Wer mehr über den derzeitigen Stand der IWC-Arbeit erfahren möchte, schreibt an:
Gesellschaft zum Schutz der Meeressäugetiere e. V.
c/o Petra Deimer, Postfach 348, 2000 Hamburg 55
oder an:
Greenpeace Deutschland e. V.
Haus der Seefahrt, Hohe Brücke 1, 2000 Hamburg 11

CITES (Die Konvention über den internationalen Handel mit gefährdeten Arten der wilden Flora und Fauna)

Mitgliedsstaaten: 51 (Stand 1980)
Länder, die mit Wildtieren und -pflanzen sowie Produkten aus denselben Handel treiben, und nicht Mitglied der CITES sind: Belgien, Bolivien, Italien, Japan, Kolumbien, Mexico, die Niederlande, die Philippinen, Sudan, Spanien, Thailand.

Die CITES, die im Jahre 1973 in Washington unterzeichnet, war die erste große Konvention der Welt, die sich mit dem Artenschutz befaßte und die Handelsbestimmungen erlassen wollte. Die Ein- und Ausfuhrbeschränkungen, die der Vertrag regelt, beziehen sich auf beinahe 1000 verschiedene Arten, die je nach Gefährdungsgrad in den drei Anhängen aufgelistet sind.

Anhang I umfaßt über 600 Arten, die von absolutem Aussterben bedroht sind, darunter der Orang-Utan, der asiatische Elefant, der Schneeleopard und der Guadeloupe-Seehund. Cites untersagt jeglichen Handel mit diesen Tierarten oder Produkten aus ihnen. Nichtkommerzieller Handel zu wissenschaftlichen Zwecken ist nur dann gestattet, wenn nachgewiesen werden kann, daß dies nicht die Ausrottung der Art beschleunigt.

Anhang II enthält 250 Pflanzen und Tiere, die vom Aussterben bedroht sind, wenn keine Handelsbeschränkungen erlassen werden. Diese Arten – darunter der Luchs, Grauwolf, Polarbär und die Amerikanische Ginsengpflanze – dürfen in begrenzter Anzahl mit besonderen Genehmigungen in den Handel. Alle Raubvögel und Walarten, die nicht im Anhang I zu finden sind, stehen in dieser Abteilung.

Anhang III umfaßt nichtgefährdete Arten, die einzelne Länder aber innerhalb ihrer Grenzen schützen wollen. Jedes Mitgliedsland hat eine unabhängige wissenschaftliche Kommission, die die Arten festlegt und zulässige Handelsziele bestimmt. Auch die Durchsetzung dieser von der wissenschaftlichen Kommission festgelegten Bestimmungen obliegt einem unabhängigen Komitee.

Die CITES, die ursprünglich von dem Umweltschutzprogramm der Vereinten Nationen gegründet wurde, kann sich seit 1983 durch freiwillige Mitgliedsbeiträge selbst finanzieren. Nähere Informationen sind zu erhalten bei:
CITES-Sekretariat
IVCN, CH-1110 Morges, Schweiz

Der mutige Richter von Otranto. Am 14. Juli 1974 kollidierten zwei Schiffe vor der italienischen Adriaküste. Der jugoslawische Frachter *Cavtat* sank auf 100 Meter Meerestiefe. Dieser Fall fiel in die Zuständigkeit der italienischen Gerichte und somit war der junge Distriktrichter Alberto Maritati damit befaßt. Er sollte entscheiden, in wessen Verantwortlichkeitsbereich dieser Unfall gehörte. Maritati interessierte sich sofort sehr stark für diesen Fall. Die *Cavtat* war recht bekannt. Es war kein Geheimnis, daß sie oft Schmuggelware transportierte, darunter auch Waffen. Was, so fragte sich Maritati, schwappte nun drei Seemeilen vor der Küste seines Heimatortes und mitten in den Fanggründen der Fischer herum?

Drei Tage nach der Kollision der Schiffe wurde Maritati routinemäßig über Art und Menge der Ladung informiert. Rund 900 Fässer (das entspricht 270 000 Kilogramm) Tetraethyl- und Tetramethyl-Blei waren mit dem jugoslawischen Schiff gesunken. Maritati hatte zwar noch nie in seinem Leben von diesen Chemikalien gehört, aber er verstand etwas von ökologischen Systemen und hatte ein Interesse an seiner Umwelt. Dringend bat er per Telegramm die zuständigen Marinebehörden um Auskunft, ob die Bleikomponenten das Leben im Wasser und der Menschen an der Küste gefährden könnten. Die Antwort lautete unzweideutig JA.

Man wußte damals wenig über das Verhalten dieser beiden Stoffe in Meerwasser und über ihre Auswirkungen auf das Leben im Meer. Aber die Folgen für den Menschen waren sehr wohl bekannt. Selbst kleinste und stark verdünnte Mengen können Schlaflosigkeit, Gefühlsschwankungen und Halluzinationen hervorrufen. Direkter Kontakt mit den beiden Stoffen kann tödlich sein. Ganz ohne Zweifel waren einige der Fässer beschädigt oder zerstört worden. Die Meeresbewegung könnte sie an die Küste treiben. Mit der Zeit würden die anderen Fässer von dem salzigen Meerwasser angegriffen und korrodieren. Dann könnte sich das ganze Gift in das Mittelmeer ausbreiten. Fachleute rieten, sofort mit der Bergung zu beginnen.

Aber nichts tat sich. Die italienische und die jugoslawische Regierung stritten sich erst einmal über die Zuständigkeiten. Niemand wollte die Verantwortung übernehmen. Allein auf sich gestellt, ließ Maritati das Wasser und den Schlamm um das Wrack herum von Forschern untersuchen. Er ordnete an, daß das Gebiet um die gesunkene *Cavtat* herum mit Bojen kenntlich und für die anderen Schiffe sichtbar gemacht werde. Da er eine Verseuchung des Wassers nicht ausschloß, verbot er das Fischen in der unmittelbaren Umgebung. Zweieinhalb Jahre lang schrieb er Briefe an die zuständigen Ministerien, in denen er sofortiges Handeln forderte und selbst Vorschläge zur Behebung des Schadens machte. Er eignete sich in dieser Zeit viel Wissen über die Chemikalien an und gab es weiter. Keines seiner Schreiben wurde je beantwortet.

Maritati hoffte, daß der Druck der Öffentlichkeit die offiziellen Stellen zum Handeln bewegen würde. Er verbreitete die Nachlässigkeiten der Regierung im Umgang mit dem Gift am Meeresboden. Seine Warnungen blieben nicht ungehört. Allmählich rückte der kleine Ort Otranto in das Interesse der Öffentlichkeit und in die Presse. Jacques-Yves Cousteau und die *Cousteau-Society* machten den Fall international bekannt. Aber dieses Maß an Aufmerksamkeit hatte einen gegenteiligen Effekt, zumindest auf den Tourismus, eine Haupteinnahmequelle des Ortes. Auch die Fischer waren wegen des Fangverbotes finanziell ins Hintertreffen geraten. Als die Regierung noch immer nichts unternahm, vermuteten die Einwohner von Otranto, Maritati hätte wohl etwas übertrieben. Je bekannter sein Fall im Ausland wurde, desto stärker wuchsen die Zweifel zu Hause.

Schließlich bot die Regierung selbst Maritati einen Beweis dafür, daß die gesunkenen Chemikalien von den Behörden für lebensbedrohlich gehalten wurden: Nachdem man sich schließlich darauf geeinigt hatte, die Giftfässer zu bergen, gab die jugoslawische Regierung das Unternehmen wieder auf mit der Begründung, es sei viel zu gefährlich, die Fässer auch nur zu berühren. Am sichersten seien die Giftfässer genau dort aufgehoben, wo sie waren: vor der italienischen Küste. Maritati vermutete, seine Nachbarn in Otranto würden von dieser Begründung nicht eben begeistert sein.

Im Frühjahr 1976 gelangte Maritati schließlich an Papiere, die ihm die nötigen Beweismittel in die Hand gaben, um einen Prozeß gegen den Kapitän der *Cavtat* anzustrengen. Er schuf einen Präzedenzfall, indem er die *Cavtat* beschlagnahmte und das Schiff und seine Ladung allein unter die Verfügungsgewalt seines Gerichts stellte. Mittels Expertengutachten konnte er die italienische Regierung von der Giftigkeit der Bleikomponenten überzeugen. Die Regierung wandte sich mit diesem Fall hilfesuchend an die NATO. Der oberste Rat für das Gesundheitswesen erklärte sich einverstanden, Maritatis Bestrebungen zu unterstützen.

Im Januar 1977 platzte dem Richter aus Otranto schließlich der Kragen. Das Parlament hatte noch nicht das nötige Geld bewilligt, aber Maritati beauftragte das Bergungsunternehmen SAIPEM, mit der Bergung der Fässer zu beginnen. Ohne Zahlungsgarantie stellte die Firma eine Offshore-Plattform, eine Barkasse mit 120 Mann Besatzung sowie Spezialtaucher zur Verfügung. Elf Monate später – inzwischen hatte das Unternehmen umgerechnet rund 30 Millionen DM gekostet – wurde das letzte Faß vom Boden der Adria geborgen. Das war das Ergebnis der Neugier, des Mutes und Durchhaltevermögens eines kleinen Distriktrichters. Wäre er nicht gewesen, hätte niemand über Jahre auf die gleichgültigen Regierungen eingeredet, und die Menschen an der italienischen, jugoslawischen, albanischen und griechischen Adriaküste wären noch heute durch die 900 Fässer und ihren tödlichen Inhalt bedroht. L.W.

Den Dingen auf den Grund gehen

Gerichtsverfahren regeln nicht nur Rechtsstreitigkeiten, sie fördern des öfteren auch die Einzelheiten einer bestimmten Frage ans Tageslicht, wenn nämlich die Parteien sich bemühen müssen, ihren Standpunkt möglichst präzise und überzeugend vorzutragen. Zwischen den Zeilen der juristischen Fachsprache ist zuweilen die Struktur schwieriger Entscheidungen zu erkennen. Die sechs Streitfälle, die im folgenden kurz beleuchtet werden, haben in den Vereinigten Staaten schwierige Fragen des Umweltschutzrechts bekannt gemacht.

Die Rechtsprechung selbst setzt Maßstäbe. Der Gesetzgeber erläßt zwar die Gesetze, die Gerichte aber interpretieren sie, indem sie ein Urteil als Begründung für weitere Entscheidungen zuhilfe nehmen. Auf diese Weise haben Gerichtsurteile neben der Beilegung eines Rechtsstreits noch eine weitere Funktion: Sie beeinflussen die Rechtsprechung der folgenden Jahre. M.P.

Öl kontra Fisch

Die Georges Bank ist eine Sandbank, die an der nordöstlichen Küste der Vereinigten Staaten in der Nähe von Cape Cod wie ein riesiger Daumen ins Meer hinausragt. Vor unendlich langer Zeit gehörte die Landzunge zur Küste. Dort sammelten sich Sedimente aus den Flußausläufen und verweste Teile prähistorischer Pflanzen und Tiere. Nachdem sich jahrtausendelang die Gletscher der Eiszeit über Georges Bank hinweggeschoben haben, liegt die Landzunge nun unter Wasser und bildet einen seichten Schutzraum für Kabeljau, Schellfisch, Hering, Krabben, Muscheln, Krebse und andere Meerestiere.

Durch seine Geschichte ist dieses Gebiet mit zwei wesentlichen Ressourcen gesegnet: mit Fisch und mit Öl. Dieses Gebiet ist seit langem eines der produktivsten und meistbefischten Meeresgebiete der Welt. Verborgen unter den reichen Sedimenten liegen – an manchen Stellen über 7 Kilometer tief unter dem Meeresboden – nach Aussagen von Geologen Ölvorkommen. Das größte wird auf eine halbe Milliarde Barrel geschätzt, eine Menge, die den energiehungrigen USA gerade für sechs Tage reicht.

Die ins Auge gefaßten Ölbohrungen würden unweigerlich kleinere Leckagen mit sich bringen. Auch wäre das Risiko einer größeren Ölkatastrophe nicht auszuschließen, das für die Fischerei verheerende Folgen hätte. Bedenkt man die Auswirkungen, die Ölverschüttungen an anderen Stellen dieser Welt gehabt haben (s. a. „Das Geschäft mit den Supertankern", Band 4, und „Die Straße von Malakka: Petrofisch", Band 1 der COUSTEAU-UMWELTLESEBÜCHER), so ist es erklärlich, daß Umweltschutzorganisationen, Interessengruppen von seiten der Fischereiindustrie und mehrere Bundesstaaten an der Nord-Ost-Küste der Vereinigten Staaten die Frage stellten, ob die Ölbohrungen neben dem Fischfang existieren könnten. Sie reichten beim amerikanischen Bundesgerichtshof Klage ein.

Die Bundesstaaten Maine und Massachusetts sowie die *Conservation Law Foundation* von New England waren die Kläger in diesem Verfahren. Sie befürchteten größere Schäden für die Fischindustrie nicht nur durch die Ölförderung, sondern schon während der Probebohrungen. Öl könnte für die Eier und Larven der Krebse sowie für die Brut von Schellfisch und Hering, die in dieser Gegend laichen, eine Gefährdung darstellen. Zusätzlich ist bekannt, daß bestimmte Komponenten im Erdöl Hummer anziehen. Biologen fürchten eine Verwirrung bei den Schaltieren, wenn diese auf ihrer jährlichen Wanderung zu den Laichplätzen durch ausgelaufenes Öl falsche Botschaften aufnehmen.

Die Kläger wollten kein absolutes Verbot von Ölbohrungen erreichen, sondern sie forderten lediglich gründlichere Untersuchungen vor Bohrbeginn und Beginn des Plattformbaus. Ihre Klage löste einen langwierigen Rechtsstreit aus.

Die Angeklagten, Atlantic Richfield und andere Ölgesellschaften, errangen 1979 und 1980 bedeutende Siege in diesem Verfahren. Ein Kreisberufungsgericht hob eine richterliche Verfügung über das Verbot der Vergabe von Mietkaufverträgen über die Georges Bank auf. Die Regierung konnte nun also an die Ölgesellschaften verpachten und die Hälfte aller in Frage kommenden Gebiete waren innerhalb kürzester Zeit für 800 Millionen Dollar (rund 2 Milliarden DM) vergeben. Die Ölförderung aber sollte nicht vor 1985 aufgenommen werden.

Die Kläger hatten ohne Erfolg darauf beharrt, daß die Pacht- und Leasingverträge ungesetzlich wären, da die Ölgesellschaften keine vollständigen Untersuchungen über die Auswirkungen auf die Umwelt eingereicht hätten. Der US-Innenminister wäre seiner Pflicht nicht nachgekommen, die Fischer vor zu großem und unnötigem Risiko zu schützen und die Bundesregierung hätte das Gesetz zum Schutz gefährdeter Arten verletzt, indem sie der Ausbeutung der Ölvorkommen zugestimmt hätte, ohne sich zuvor eine Meinung über das Ausmaß der Gefährdung für bereits gefährdete Arten zu bilden.

So ergab es sich, daß Georges Bank nicht nur bezüglich Öl und Fisch ein fündiges Gebiet wurde, sondern auch für die Gerichte. Wenn es auch den Klägern nicht gelungen war, die Verpachtungen und Mietkäufe für nichtig erklären zu lassen, so erreichten sie doch immerhin das Zugeständnis, daß sie die Probebohrungen und die daraus folgenden Pläne genau beobachten dürfen, damit sie sich unter Umständen auf weitere rechtliche Schritte gegen die tatsächliche Ölförderung vorbereiten können.

Die zur Entscheidung anstehende Frage – Öl oder Fisch – wird die Gerichte noch eine Weile beschäftigen. C.F.

Der Kläger heißt Palila

Im Jahre 1979 ordnete ein Bundesgericht in Hawaii an, der Staat solle den kleinen Vogel Palila mit dem stumpfen Schnabel, der schon seit längerem einen Platz auf der Liste der gefährdeten Tierarten hat, schützen. Diese Entscheidung, die verhieß, daß der Staat dafür zu sorgen hatte, Schafe und Ziegen aus dem Lebens- und Brutraum des Vogels fernzuhalten, war selbst nicht sonderlich bemerkenswert. Einer der Kläger in diesem Verfahren jedoch war recht ungewöhnlich: Der Palila selbst wurde in den Gerichtsakten als Kläger aufgeführt.

Die Anwälte der Rechtsabteilung des *Sierra Club* und der *Audubon Society*, die die Klage eingereicht hatten, wollten eine Entscheidung über die Frage provozieren, wer als Kläger auftreten darf. Normalerweise können Menschen eine Klage einreichen, wenn sie in der Lage sind zu beweisen, daß sie an ihrer Gesundheit, ihrem Besitz, ihren Finanzen oder ihrem Ruf Schaden gelitten haben. Wenn aber eine Gruppe von Umweltschützern gegen die ökonomische Ausbeutung eines Gebietes gerichtlich vorgeht, so stößt sie immer wieder auf die Schwierigkeit nachzuweisen, daß die einzelnen Mitglieder der Gruppe persönlich Schaden nehmen würden. An dieser juristischen Hürde scheiterte beispielsweise der *Sierra Club* im Jahre 1972, als er verhindern wollte, daß das Mineral King Valley in Kalifornien von den Bulldozern eines Bauunternehmers zerstört würde. Der zuständige Richter machte damals geltend, Mineral King Valley selbst müßte Kläger sein, sollte das Verfahren zugelassen werden. Er bezog sich dabei auf Schriften des Rechtsgelehrten Christopher Sterne, der die Meinung vertreten hatte, Tiere und natürliche Objekte sollten dieselben Rechte haben wie Menschen und unpersönliche Gesellschaften, die juristisch gesehen eine Person sind.

Im Fall des Palila aber fochten die Staatsanwälte den geflügelten Kläger nicht an. Auch das Gericht nahm nicht Stellung zu der Frage, ob ein Vogel ein zulässiger Kläger sei. Auf diese Weise wurde zwar kein eindeutiger Präzedenzfall geschaffen, aber der Palila hätte ins Gericht flattern können, um nachfolgenden Rechtsstreitigkeiten ähnlicher Natur ein Vorbild zu sein.

Es wird vielleicht noch Jahre dauern, bis die Gerichte eine feste Rechtssprechung über die Zulassung von Tieren und natürlichen Objekten als Kläger erarbeitet haben. Indessen haben mehrere Bundesstaaten der Vereinigten Staaten durch Umweltschutzgesetze den Menschen Mittel an die Hand gegeben, jeden, der die Umwelt verschmutzt, beschädigt oder zerstört, zu verklagen.   C.F.

Folgen eines Zwischenfalls

Um die Folgen eines Nuklearunfalls auf ein Minimum zu begrenzen, müssen scheinbar die Kosten für die Verantwortlichen auf ein Maximum hochgeschraubt werden.

Dieser Satz scheint sich jedenfalls für den „Zwischenfall" im Kernkraftwerk Three Mile Island in der Nähe von Harrisburg zu bewahrheiten. Inzwischen sind die ersten Schadensersatzklagen eingereicht worden.

In den Vereinigten Staaten existiert ein Gesetz – das Federal Price-Anderson Act –, nach dem beinahe automatisch an alle Opfer bis zu 560 Millionen Dollar (rund 1,2 Milliarden DM) Schadensersatz gezahlt werden. Der Gesetzgeber verlangt von dem Beschuldigten, auf seine Verteidigung zu verzichten, um die Erhebung von Schadensersatzforderungen für Opfer zu erleichtern. Allerdings hat die Sache einen Haken: Dieses Gesetz ist nur dann anzuwenden, wenn die Kommission zur Regelung nuklearer Zwischenfälle (Nuclear Regulatory Commission; NRC) den Unfall für ein „außergewöhnliches nukleares Ereignis" hält.

Die NRC entschied im Fall Harrisburg, daß kein außergewöhnliches nukleares Ereignis stattgefunden hätte und also das Price-Anderson-Act nicht zur Anwendung käme. Das muß für die Kläger nicht unbedingt etwas Schlechtes bedeuten, denn nun sind sie nicht mehr an die 560-Millionen-Dollar-Grenze gebunden, sondern können versuchen, höheren Schadensersatz zu bekommen.

Welcher Betrag ihnen letztendlich zugestanden wird, hängt von der Beantwortung einer Reihe von Fragen ab. Zum Beispiel muß noch rechtlich geklärt werden, welche Art von Schäden in dem relativ neuen Rechtsbereich des fahrlässigen Umgangs mit Kernmaterial ersatzfähig sind. Können Kläger Schadensersatz für ein durch die Krise erlittenes Trauma fordern? Für eine Krebserkrankung oder eine Mißgeburt, die vielleicht Jahre nach dem Unfall passieren? Für sinkende Grundstückspreise oder für Geschäftsaufgaben, die durch den Unfall erforderlich geworden sind? Auf all diese Fragen gibt es noch keine rechtsverbindlichen Antworten und die Gerichte waren bislang diesen Fragen gegenüber nicht eben aufgeschlossen, wie wir am Beispiel von Ölkatastrophen oder beruflich bedingten Spätfolge-Krebserkrankungen sehen mußten.

Mehrere der Schadensersatzansprüche werden im Fall Harrisburg in einer Verbandsklage verhandelt. In der Mitte des Jahres 1980 sagten Beobachter voraus, daß die Forderungen die 560-Millionen-Dollar-Grenze bei weitem überschreiten würden. Wenn es also fraglich sein mag, ob der „Zwischenfall" von Three Mile Island außergewöhnlich war, so kann man bei den Schäden, die dieser Zwischenfall verursacht hat, sicher sein, daß sie in außergewöhnliche Höhen gehen.

C.F.

Leckagen

Rund 500 Kilometer nördlich von Harrisburg liegt die Stadt Niagara Falls im amerikanischen Bundesstaat New York. Dort könnte sich gut ein weiterer wichtiger Umweltschutzprozeß abspielen. Anwälte der Bundesregierung haben gegen die „Hooker Chemical and Plastics Corp." und ihre Muttergesellschaft „Occidental Petroleum" Schadensersatzklage erhoben. Die Einleitungen und Leckagen gifti-

Die Siedlung Love Canal mit dem Niagara River im Vordergrund. *(John Kudla/Niagara Gazette)*

ger Substanzen in und um Niagara Falls sollen einen Schaden von 117 Millionen Dollar (rund 300 Millionen DM) verursacht haben. Der berüchtigtste der Giftmüllabladeplätze ist Love Canal, ein Wohnviertel, das auf dem früher zu Hooker gehörenden Spülfeld errichtet wurde und das sich inzwischen als so gefährlich herausgestellt hat, daß Hunderte von Familien evakuiert werden mußten (s. a. „Das Leben am Love Canal", Band 6 der COUSTEAU-UMWELT-LESEBÜCHER).

Mit dieser Klage – der größten bis zum Jahre 1980 – versucht der Staat, einen Verursacher für das Deponieren von Giftmüll verantwortlich zu machen, selbst wenn er kein geschriebenes Gesetz verletzt hat. Mit zunehmender Gefährdung, die in den siebziger Jahren erstmalig von Sondermüllplätzen für die Umwelt und die Menschen ausging, erließen die Behörden auch immer schärfere Bestimmungen über Verbleib und Aufbewahrung dieser Abfälle. Hooker fordert zusammen mit anderen Chemieunternehmen, daß diese Bestimmungen nicht rückwirkend für Chemikalien angewandt werden, die schon vor dem Erlaß der Bestimmungen deponiert worden waren. Aber geade diese Chemikalien sind es in vielen Fällen, die nun in angrenzendes Land sickern und Trinkwasservorräte bedrohen.

Die Anwälte der Regierung beschuldigen Hooker der Verletzung verschiedener Abfallbeseitigungsgesetze, aber darüber hinaus beschuldigen sie die Firma auch der Verletzung des Gewohnheitsrechts. Das ist ein Rechtskomplex im amerikanischen Recht, der nicht aus geschriebenen Gesetzen besteht, sondern sich aus einer ganzen Reihe von richterlichen Entscheidungen ergeben hat. Einige dieser Urteile gehen zurück bis in die Zeit, als es die Vereinigten Staaten noch gar nicht gab. Im vorliegenden Fall wurde Hooker beschuldigt, das Gewohnheitsrecht durch „öffentliches Ärgernis" verletzt zu haben. Eine todbringende Giftmülldeponie ein öffentliches Ärgernis zu nennen, mutet reichlich bescheiden an, aber in Amerika ist dieser Ausdruck ein fester juristischer Begriff. Er bedeutet, daß eine Person sogar auf ihrem eigenen Grund und Boden nicht einfch das tun und lassen kann, was sie will, wenn das für die Nachbarn ein echtes Ärgernis bedeutet. Aufgrund dieser Rechtslage könnte man beispielsweise Nachbarn verklagen, die ständig zu laute Musik hören. In einem aufsehenerregenden Prozeß um ein „öffentliches Ärgernis" entschied ein Berufungsgericht in New York, daß eine Zementfabrik, deren Zementstaub sich auf allen umliegenden Häusern niedergelassen hatte, ein öffentliches Ärgernis verursacht hatte.

Sollte sich die Klägerseite im Fall Hooker durchsetzen können und aufgrund des Gewohnheitsrechts der Schaden als ersatzfähig anerkannt werden, so könnte das bedeuten, daß Verursacher in der Folge auch für Giftmüllhalden verantwortlich gemacht werden können, die vor dem Erlaß spezieller Gesetze entstanden sind. Außerdem können Verursacher in den Vereinigten Staaten dann für Leckagen auf angrenzendes Land zur Verantwortung gezogen werden. Eine solche Rechtsprechung könnte auch die Frage des Strafmaßes verändern. Geschriebene Gesetze ziehen in den USA gewöhnlich festgeschriebene Strafen nach sich – meist Geldbußen. Das Gewohnheitsrecht aber überläßt das Strafmaß größtenteils der Erfindungsgabe der Kläger und der Entscheidung des Richters. Im vorliegenden Fall fordern die Kläger, Hooker solle zur Einrichtung eines Fonds in Höhe von 117 Millionen Dollar (rund 300 Millionen DM) verurteilt werden, aus dem unter anderem die Umsiedlung und eine lebenslange Gesundheitskontrolle der Einwohner von Love Canal, die Isolierung in der Nähe gelegener Häuser, ein Wasserklärwerk sowie eine Vorrichtung, die verhindert, daß die Gifte durch den Boden und ins Grundwasser sickern, bezahlt werden sollen. Die Kläger fordern darüber hinaus eine Zivilstrafe von 10000 Dollar für jeden Tag, an dem Hooker das Gesetz zur Reinhaltung des Wassers verletzt hat sowie Ersatz für die 7 Million Dollar, die der Staat für Sofortmaßnahmen aufwenden mußte. Parallel dazu klagt der Staat New York wegen derselben Giftmülldeponien auf 635 Millionen Dollar (rund 1,7 Milliarden DM) Schadensersatz gegen Hooker und Occidental.

In der Klage der Bundesregierung gegen Hooker geht es um vier Müllplätze, auf denen Hooker unter anderem todbringende Karzinogene abgeladen hat: Dioxin, Chloroform und Tetrachlorethylen. Außer dem Abladeplatz in Love Canal liegt ein anderer Müllplatz direkt neben dem Trinkwasserwerk der Stadt. Die beiden anderen Müllplätze befinden sich in Gewerbegebieten, aus denen die Chemikalien aber auch durch den Boden ins Wasser gelangt sein können, das sie schließlich in den Niagara-Fluß führt.

Die Aktion des Staates ist Teil einer Ende der siebziger Jahre in den Vereinigten Staaten begonnenen Kampagne gegen diejenigen, die illegale Sondermüllplätze einrichten. Die für Sondermüll zuständige Abteilung des Justizministeriums hat zu Beginn der achtziger Jahre etwa 50 ähnlich gelagerte Fälle aufgerollt, denn es gab genügend illegale Giftmüllagerstätten. Die Umweltschutzbehörde der USA hat im Jahre 1979 geschätzt, daß im ganzen Land vielleicht 30000 bis 50000 solcher Müllplätze existieren; davon bedrohen rund 2000 die Umwelt und die Menschen. C.F., M.P.

Ein Vertrag und seine Auslegung

Zwei unscheinbare Worte in einem 1854 zwischen Indianern und weißen Amerikanern geschlossenen Vertrag haben über 100 Jahre später einen bitteren, jahrzehntelangen Rechtsstreit über Fischereirechte und Umwelterhaltung ausgelöst.

Die Nisqually-Indianer, die dort lebten, wo heute der Staat Washington liegt, gaben viele ihrer Rechte über ihr Stammesland ab, als sie am 26. Dezember 1854 den *Treaty of Medicine Creek* (Vertrag vom Medicine Creek) mit der US-Regierung abschlossen.

Es wurde ihnen dafür als Ausgleich ein immerwährendes Recht zum Fischfang in ihren gewohnten Inlands- und Küstenfischereigebieten garantiert – „gemeinsam mit" den anderen Bewohnern dieses Landes. Diese Formel wurde damals beinahe in allen vergleichbaren Verträgen der Gegend verwendet.

Wie aber gestalteten sich die Rechte der Indianer nach Abschluß dieses Vertrags? Hatten sie ab nun „gemeinsam" mit den Siedlern Zugang zu den Gewässern? Oder sollten diese beiden kleinen Wörter den Indianern einen Teil des jährlichen Fischfangs garantieren?

120 Jahre nach Abfassung des Vertrags entschied ein Kreisgericht, die Worte „gemeinsam mit" seien so zu verstehen, daß den Indianern rund 50 Prozent der Fische zugestanden werden müssen, die jährlich aus ihren traditionellen, außerhalb des Reservats liegenden Fischgründen kommen.

Da zu der Zeit, als der Vertrag abgeschlossen wurde, dreimal so viele Indianer in dem Gebiet lebten als Siedler, ging das Gericht davon aus, daß der strittige Passus in dem Vertrag den Indianern auch weiterhin ihre Hauptnahrungsquelle sichern sollte. Die Umstände, unter denen der Vertrag zustande kam und die Formulierung wiesen nach Ansicht des Gerichts darauf hin, daß die Fischfänge zu gleichen Teilen zwischen beiden Partnern geteilt werden sollten.

1974 erbosten sich die 6600 weißen Fischer im Staate Washington darüber, daß ihren 800 indianischen Fischerkollegen in manchen Teilen des Staates die Hälfte des Fischfangs zugestanden wurde. Der Ärger unter den 28 000 Sportfischern, von denen die meisten keine Indianer sind, war sogar noch größer, denn auch ihr Kontingent war geteilt worden. Beamte waren besorgt, die Einhaltung des Vertrags würde Fisch- und Umweltschutzmaßnahmen behindern, die Einnahmen aus der Sportfischerei drastisch senken und die etablierte Fischerei-Industrie empfindlich treffen.

In einer Reihe von Gerichtsverfahren vor dem Bundesgericht in Washington wurde die Kreisgerichtsentscheidung immer wieder angefochten. Die für Fischerei und Jagd zuständige Behörde weigerte sich, das Urteil durchzusetzen, so daß das Gericht selbst eine Zeit lang den Fischfang in Washington überwachen mußte. Oft kam es zu gewalttätigen Auseinandersetzungen zwischen Indianern und weißen Fischern.

Schließlich bekräftigte der Oberste Gerichtshof im Frühjahr 1979 das 50-Prozent-Urteil des Kreisgerichts. Dabei hob er hervor, daß

Fangfisch diejenige Menge Fisch bedeutete, die nicht unter den Artenerhaltungsschutz fielen. Auf diese Weise könnte der Staat also weiterhin die Menge des von Indianern gefangenen Fisches kontrollieren. Etwa die Hälfte der in Frage kommenden Fische passierte sowieso nicht die Gewässer der Indianer und fiel also nicht unter die Bestimmung.

Nicht eben begeistert, aber doch zum Einlenken bereit, erließ das Bundesgericht des Staates Washington noch im Jahre 1979 die Verordnung zur Kontingentierung der Fische. Es hatte den Anschein, als wären die Behörden nun bereit, die Verordnung anzuerkennen und sich entsprechend zu verhalten.   C.F.

Der Tellico-Damm

Im Jahre 1979 war der sogenannte Schneckenbarsch, ein kleiner Vertreter der Flußbarsche, in den Vereinigten Staaten erst seit sechs Jahren bekannt, aber schon hatte er sich zum Symbol für einen unglaublichen juristischen, politischen und finanziellen Strudel entwickelt, in den Bauern, Indianer, Umweltschützer, Rechtsanwälte, Politiker, Behördenvertreter, der Oberste Gerichtshof, der Kongreß und sogar der Präsident der Vereinigten Staaten hineingezogen worden waren. Der Streit führte eine aufsehenerregende Gerichtsentscheidung herbei, endete aber dennoch mit einem Sieg der Politik, durch den die Bauern ihr Land verloren, die Indianer um ihre geheiligten Bezirke betrogen wurden und in deren Folge der Schneckenbarsch vielleicht sein Leben lassen muß.

In den USA war der Schneckenbarsch in den Jahren 1978 und 1979 jedermann ein Begriff, denn die Zeitungen standen voll von Berichten über die Bestrebungen, den Bau des Tellico-Damms zu stoppen. Mit diesem Damm würde der letzte Lebensraum dieses kleinen Fisches im Little Tennessee River vernichtet. Die meisten Überschriften lasen sich etwa so: „Kleiner Fisch verhindert großen Damm". Viele Geschäftsleute und Politiker fanden, daß die Umweltschützer einen Schritt zu weit gegangen waren, als sie versuchten, nur wegen des Lebens eines unbedeutenden Fisches den „Fortschritt" aufzuhalten.

Das beschreibt aber die mit dem Dammbau zusammenhängenden Konflikte nur sehr oberflächlich. Die Geschichte um den Schneckenbarsch stellt lediglich ein faszinierendes Kapitel in der Geschichte um den Tellico-Damm dar.

Kleiner Damm, großer Krach

Die juristische Auseinandersetzung um den Dammbau begann schon sechs Jahre bevor der Schneckenbarsch überhaupt entdeckt wurde. Der Tellico-Damm war eines von 69 Staudamm-Projekten, die während der Depression der dreißiger Jahren entwickelt wurden, um die ländlichen Gebiete des östlichen Tennessee mit Strom zu versorgen und die Industrieansiedlung zu fördern. Der Bau der Dämme, die an verschiedenen Stellen der Nebenflüsse des Tennessee River gebaut wurden, unterstanden der Verwaltung der Tennessee Valley Authority (TVA). All die anderen Dämme wurden schon gebaut, nur der Tellico-Damm fiel zeitlich etwas aus dem Rahmen. Tellico sollte nur ein kleiner Staudamm ohne große Staukapazität werden. Er sollte in der Hauptsache das Stauvolumen für einen anderen Damm weiter flußabwärts vergrößern, der über einen größeren Generator verfügte. Jedenfalls würde zum Tellico-Damm auch ein Stausee gehören, was die TVA sowohl für die Industrie als auch für den Tourismus für wertvoll erachtete. Die TVA rechtfertigte den Bau ökonomisch mit den Einkünften, die durch den Verkauf dieses Landes erzielt worden waren. 1966 war das Projekt finanziell abgesichert, so daß der Bau im folgenden Jahr begonnen wurde. Drei Jahre danach reichten besorgte Bürger Klage gegen die TVA ein, weil diese das Gesetz zum Schutz der Umwelt nicht beachtet hätten, das besagt, vor dem Beginn eines Bauvorhabens müßten die möglichen Folgen für die Umwelt untersucht und in einer ausführlichen Studie erfaßt werden. Dieses Argument war eine reine Formsache, denn die Kläger wußten um die Folgen für die Umgebung. Durch den Dammbau würden 5000 Hektar wertvollen Ackerlands überflutet und weitere 15 000 Hektar unbewohnbar gemacht. Zweihundert Bauernfamilien, die seit Generationen dort ansässig waren, würden ihre Heimat verlieren. Außerdem würden 14 historisch und archäologisch wertvolle Indianerdörfer und Versammlungsorte der Cherokee überflutet, darunter der Ort Tanasi, der bis 1725 die Hauptstadt des Cherokee-Reiches gewesen war und von dem Tennessee seinen Namen ableitet. Dieser Damm würde auch den letzten bis dahin nicht in seinem natürlichen Lauf behinderten Fluß der gesamten Gegend stauen. Und wofür das alles? Für ganze 22,8 Megawatt – nicht einmal ein Zehntel eines Prozents der jährlichen Gesamtproduktion von TVA! Von dem als Gesamtkosten veranschlagten Betrag von 150 Millionen Dollar waren nur 5 Millionen Dollar für den tatsächlichen Dammbau vorgesehen; die übrigen Gelder würden der Landkauf und der Straßenbau verschlingen. Aber es hatten sich noch keine Industriebetriebe für die Ansiedlung an dem neuen Stausee beworben. In einem Umkreis von 100 Kilometern um den Tellico-Damm herum gab es bereits 24 vergleichbare Stauseen. Eine Studie über die effektivste Nutzung dieses Gebiets ergab, daß dort mehr Menschen Arbeit finden könnten, wenn der Damm nicht gebaut und statt dessen Landwirtschaft und Fremdenverkehr intensiviert würden.

Der Bau aber wurde weiter betrieben. Mitte August des Jahres 1973 fingen der Fischkundler Professor David Etnier von der Universität von Tennessee und ein früherer Student Fische zu Forschungszwecken aus dem Little Tennessee River. Etnier beobachtete einen schlanken, goldbraunen Fisch – nicht weiter auffällig, aber unbekannt –, der dicht am sandigen Boden schwamm. Nach Monaten weiteren Sammelns identifizierte er ihn als zur Familie der Flußbarsche gehörig und nannte ihn *Percina Tanasi* (Percina bezeichnet die Flußbarschfamilie und Tanasi zu Ehren der Cherokee-Hauptstadt). Allgemein aber wurde er nur der Schneckenbarsch genannt, weil er sich von Schnecken ernährt.

Volle Kraft voraus

Fischkundler gingen davon aus, daß der Schneckenbarsch früher in mehreren Nebenarmen des Tennessee River zu Hause war, wegen der vielfachen Dammsperren aber diesen Flüssen fernblieb. Nicht ein einziger Schneckenbarsch konnte außerhalb des Little Tennessee gefunden werden. So gelangte dieser Fisch 1976 auf die US-amerikanische Liste der gefährdeten Tierarten. Damit war den Bürgern, die sich gegen den Dammbau zur Wehr setzen wollten, ein neues juristisches Mittel an die Hand gegeben. Das entsprechende Gesetz sagt schlicht, kein Bauvorhaben könne wissentlich eine Tier- oder Pflanzenart ausrotten. Der Rechtsgelehrte Zygmunt Plater übernahm die anwaltlichen Arbeiten für die Bürgergruppe, erhob Anklage und wollte eine gerichtliche Verfügung erwirken, die die Arbeiten bis zum Ausgang des Prozesses verbot. Aber den Zeitraum zwischen der Ablehnung seiner einstweiligen Verfügung und der Zulassung seiner Klage vor dem Berufungsgericht nutzte die TVA und nahm ihre Arbeiten wieder auf. Mit Bulldozern wurde das

Land auf den Dammbau vorbereitet. Auch die alte Cherokee-Stadt fiel den Maschinen zum Opfer.

In der zweiten Hälfte der siebziger Jahre wurde Plater von den Arbeiten an diesem Fall völlig vereinnahmt. Ständig arbeitete er an den Akten und brachte den Fall bis vor das höchste amerikanische Gericht. Gleichzeitig bemühte er sich, die Medien davon zu überzeugen, daß an diesem Fall mehr hing als das Leben eines kleinen, unscheinbaren Fisches. Andere Umweltschützer wollten ihn davon abbringen, die Klage immer weiter zu verfolgen, da sie negative Auswirkungen für die Praxis des Gesetzes über gefährdete Arten befürchteten.

„Wir haben es uns lange und gründlich überlegt, ehe wir Klage erhoben", sagt Plater. „Wenn es nur um den Fisch gegangen wäre, hätte man sicherlich ein besseres Beispiel als den Tellico-Damm finden können, um das Gesetz über gefährdete Arten auf seine praktische Umsetzbarkeit zu überprüfen. Aber auch alle biologischen und ökonomischen Tatsachen sprachen für eine Entscheidung gegen den Dammbau. Viele Umweltschützer sind verständlicherweise heute noch verbittert darüber, daß wir den Fall vor die Gerichte brachten."

Justiz versus Politik

Wieso Plater und die Gegner des Damms diesen Fall dann schließlich doch verloren, ist eine Lektion in praktischer Politik. Zunächst einmal gewannen sie vor dem Obersten Gerichtshof. Aufgrund dieses Urteils aber setzte der amerikanische Kongreß eine siebenköpfige Vermittlungskommission ein, die bei unlösbaren Fällen – das heißt, wenn eine gefährdete Art ein großes Bauvorhaben gefährdet – einlenken sollte. Die Kommission hatte den Auftrag, alle Vor- und Nachteile sowie alle Alternativen ernsthaft zu prüfen, aber auch die Vorteile der Arterhaltung gegenüber den Vorteilen des Bauvorhabens gründlich abzuwägen. 1978 konnten die Tellico-Damm-Gegner einen weiteren Sieg verzeichnen: Die Kommission beschloß einstimmig, der Bau des Dammes sei ökonomisch nicht zu vertreten. Nicht nur war das ganze 150-Millionen-Dollar-Unternehmen unökonomisch, ja selbst der Abschluß der Bauarbeiten – nachdem der Damm schon zu 95 Prozent fertiggestellt war – sei nicht lohnend. Auch zwei Versuche von Kongreßabgeordneten des Staates Tennessee, das Tellico-Projekt aus den Regeln der Kommission herauszunehmen, scheiterten.

Aber am Ende verloren die Umweltschützer dann doch. Im Spätsommer des Jahres 1979 fügten Senator Baker aus Tennessee sowie ein Abgeordneter der Haushaltsvorlage für 1980 einen Zusatzantrag bei, in dem sie forderten, das Gesetz über gefährdete Arten und fünf andere Gesetze, deren Übertretung TVA im Falle des Tellico-Projekts bereits zugegeben hatte, nicht auf den Tellico-Dammbau anzuwenden. Im September unterzeichnete Jimmy Carter die Vorlage, die damit Gesetz wurde. Nachdem er unterschrieben hatte, rief Carter sofort bei Plater und anderen führenden Umweltschützern an, um ihnen zu erklären, daß er nur sehr ungern unterzeichnet habe. Aber, so erklärte der Präsident, er mußte so handeln, um sich damit die Zustimmung zu zwei anderen Fragen – nämlich den Panama-Kanal-Vertrag und die Einrichtung eines Erziehungsministeriums – zu sichern. Hiermit hatte zum ersten Mal einer der Machthabenden die Ausrottung einer Tierart bewußt in Kauf genommen, betonte Plater.

Wie konnte ein Projekt, das sowohl von der Kommission über gefährdete Arten wie auch vom Rechnungshof als unökonomisch abgelehnt worden war, das so viele Gegner hatte und das zweimal vom Kongreß zurückgewiesen worden war, plötzlich grünes Licht erhalten? Mit Geld ist alles möglich, lautete Platers Vermutung zu dieser Frage. Bodenspekulanten halten beste Verbindungen zu den Vertretern der Politik; eine Reihe von Lokalpolitikern, Bauunternehmer, einflußreiche Geschäftsleute, von denen viele mit dem Senator befreundet waren – sie alle hatten Land im Umkreis des Tellico-Stausees erworben. Wenn es der TVA gelänge, Industriebetriebe in die Gegend zu ziehen, dann wollten sie alle davon provitieren.

Im November 1979 schloß die TVA die Schleusen im Tellico-Damm. In einer Länge von 53 Kilometern staute sich das Wasser im Little Tennessee. Es entstand ein See von 15 Meter Tiefe. Verbittert mußten die Bauern ihr Land verlassen. Auch eine in letzter Minute von den Cherokee eingebrachte Klage wurde abgewiesen. Der Schneckenbarsch war in einen nahegelegenen Fluß umgesiedelt worden, aber niemand wußte, ob er sich dort wirklich ansiedeln würde. „In der Nähe des Flusses liegt eine Fabrik, die Säure produziert und direkt am Ufer verläuft eine Eisenbahnlinie", beschreibt Plater den neuen Lebensraum des Schneckenbarsches. „Ab und zu fällt ein Tankwagen mit Säure in den Fluß. Es sieht so aus, als hätte das nachteilige Auswirkungen auf den Schneckenbarsch."

Die Gegner des Tellico-Damms waren also trotz ihrer guten Argumente an einer Verflechtung lokaler Finanzinteressen, außenpolitischer Zwänge und Wahlkampfpolitik gescheitert. M.P.

„Ich bin nicht sehr überrascht, daß wir eine gefährdete Art sind, aber was mich wundert, ist, daß wir Schneckenbarsche sein sollen!" (*Zeichnung von Modell.* © 1978 New Yorker *Magazine, Inc.*)

Kommunikation

Wir konsumieren sie beim Frühstück, wir nehmen sie auf dem Weg zur Arbeit zu uns, wir haben sie abends in unserem Haus – wir sind eigentlich ständig von ihnen umgeben. Die Rede ist von Nachrichten. Einige Menschen sind geradezu süchtig, andere wollen gar keine Neuigkeiten mehr hören. Serviert werden sie uns auf unterschiedlichste Weise – in Form von Zeitungen, über Radio, Fernsehen oder Postwurfsendungen, die unsere Briefkästen verstopfen, ob wir wollen oder nicht. Es geht also in diesem Abschnitt um die Massenmedien. Fachleute sagen übereinstimmend, daß Massenmedien für den Menschen in der hochindustrialisierten Welt die Hauptinformationsquelle zu den Tagesfragen darstellen – eingeschlossen die Nachrichten über den Zustand unserer Umwelt.

Vor Jahren wurde die Frage aufgeworfen, woher die Medien die nötigen Informationen bekommen. Ein Interessierter befragte Reporter und Redakteure in der Gegend um San Francisco nach den Ursprüngen der Umweltreportagen, die innerhalb der letzten zwölf Tage erschienen waren. Von den über 200 Nachrichten waren 51 ausschließlich aufgrund von PR-Materialien entstanden: Presseerklärungen, Film- und Videoclips sowie kommerzielle Nachrichtendienstmitteilungen. Weitere 54 Nachrichten basierten ebenfalls auf PR-Quellen. PR-Mitarbeiter hatten dem Zeitungsreporter per Telefon, Brief oder direktem Besuch entscheidende Hinweise gegeben. Das bedeutet, *mehr* als die Hälfte aller Umweltberichterstattungen erfolgt auf Anregung von Werbeexperten oder wird sogar von ihnen geschrieben.

Wer sind diese Pseudo-Journalisten hinter den Kulissen? Die Antwort können wir einer weiteren Studie entnehmen: Von den 457 Presseerklärungen zum Thema Umwelt waren fast drei Viertel von der Regierung oder von der Industrie bei einer Radiostation in San Francisco eingegangen. Umweltschutzgruppen waren mit 14 Prozent beteiligt.

Die Auswirkungen liegen auf der Hand. Wollen die Umweltschützer ihren Einfluß vergrößern, dann müssen sie lernen, mit den Massenmedien zusammenzuarbeiten. In diesem Abschnitt der COUSTEAU-UMWELTLESEBÜCHER folgen wir einer Presseerklärung der

Umweltschützer auf ihrer Odyssee in die Zeitungen. Auf dem Weg dahin betrachten wir uns die einzelnen Elemente effektiver Nachrichtenproduktion. Nach Art des Ereignisses müssen auch die zuweilen unüblichen Methoden der Umweltschützer – die zum Erfolg führen – eingehend betrachtet werden. Dem werden die Anstrengungen der Industrie gegenübergestellt, kritische Bemerkungen abzuschwächen und Angriffe abzuwehren.

Mit Ausnahme eines einzigen sind die neuen Medien wichtige Instrumente in den Bemühungen der Umweltbewegung, ihre Botschaft in die Welt zu tragen. Wir bedenken daneben Alternativen wie Werbung oder Film. Traditionell ist der Rundbrief das effektivste Mittel der Umweltschützer gewesen, sich an die Öffentlichkeit zu wenden. Sie sollten sich aber auch die gängige Taktik von Regierungsstellen und Werbung – die Kunst der Überzeugung – zu eigen machen.

Kommunikation findet ständig statt; wir können nicht ohne sie leben. In diesem Kapitel untersuchen wir, ob Umweltschützer noch besser mit ihr leben könnten. B. P. B.

Der Vorstoß in die Zeitung!

Wie ein Schutzpolizist auf Streife ging Julie Mannarino regelmäßig von Büro zu Büro im Umweltschutzamt. Auf diese Weise sammelte sie wichtige Informationen, die Außenstehende nicht erhalten hätten.

Nicht bei jedem Besuch ergab sich Sensationelles, aber über die Jahre wurde die Verbindung zu einigen der Beamten im gehobenen Dienst gefestigt – nützlich, wenn man für eine so wichtige Umweltschutzgruppe wie die CCAG (Connecticut Citizen Action Group; Bürgeraktionsgruppe Connecticut) Nachforschungen anstellt.

John T. Doulon und Stephen T. Thorick waren zwei dieser Verbindungsmänner. Beide waren Ingenieure in der Abteilung für Luftverschmutzungskontrolle und beide hatten gleichzeitig ein großes Interesse am Schutze ihrer Umwelt.

Als Julie Mannarino sie an einem späten Novembertag im Jahre 1978 aufsuchte, kochten beide vor Wut. Der Grund war eine Genehmigung für die staatliche Transportgesellschaft, eine neue Autobahn im westlichen Landesteil auszubauen. Eine spezielle Erlaubnis von seiten des Umweltamtes ist in den Vereinigten Staaten immer dann nötig, wenn zu befürchten ist – wie bei Autobahnen –, daß sich durch die bauliche Veränderung das Smogaufkommen vergrößert. Die Genehmigungen, die vom Umweltamt erteilt werden, basieren zumeist auf den routinemäßig vom Verkehrsministerium angefertigten Verkehrsvorhersagen.

Die zuständigen Beamten im Umweltamt waren bereit, die Genehmigung zu erteilen, da das Verkehrsministerium geschrieben hatte, es bestünde kein Anlaß zu der Annahme, der Ausbau der Autobahn würde das Verkehrsaufkommen oder die Luftverschmutzung erhöhen.

Doulon und Thorick hielten diesen Satz für „scheinheilig", weil er die simplen Tatsachen ignorierte, daß neue Autobahnen sowohl mehr Autos anziehen als auch weitere Entwicklungen beschleunigen und so für zusätzliche Luftverschmutzung sorgen. Die beiden Ingenieure vermuteten nicht nur bürokratisches Denken hinter dieser Genehmigung. Sie glaubten, diese Entscheidung sei durch den Druck eines großen Chemiekonzerns zustande gekommen, der im nahe gelegenen Danbury neue Verwaltungsgebäude baute.

Doulon und Thorick grübelten, was man nun tun könnte, als Mannarino hereinschneite. Der für das Genehmigungsverfahren erstellte Bericht über die Luftverschmutzung war in der Hauptsache aufgrund von Zahlenmaterial des Verkehrsministeriums zustandegekommen und entsprechend ausgerichtet. Die beiden Beamten wollten nun nachweisen, daß dieser Bericht keine brauchbare Grundlage für eine Entscheidung darstellte. Mit Mannarino diskutierten sie die Vorgehensweise. Sollen sie – was relativ einfach war – zu ihrem Vorgesetzten gehen und dort ihre Zweifel über den Sinn des Berichts anmelden? Dieser Vorschlag wurde rasch verworfen, denn frühere Vorstöße in diese Richtung hatten gezeigt, daß es nicht der Politik des Hauses entsprach, Zahlenmaterial aus dem Verkehrsministerium zurückzuweisen. Sie könnten ihre Geschichte auch einem freundlich gesonnenen Reporter erzählen. Das war zwar besser, aber würde es etwas ausrichten, wenn die Geschichte in einer einzigen Zeitung erschien? Dann schon lieber – so lautete Mannarinos Vorschlag – ein Memorandum über die Einwände verfassen, es in den verschiedenen Abteilungen der Behörde umlaufen lassen und auch ein Exemplar an die CCAG geben. Ihre Organisation, das versicherte sie ihnen, würde sich darum kümmern, daß die Angelegenheit in allen Zeitungen des Landes veröffentlicht würde.

Ein solches Memorandum war ein ungewöhnlich wirksames Publicity-Mittel, wie sich herausstellte. Der Inhalt war für die meisten

Reporter absolut neu. Die Geschichte war frisch, interessant, glaubhaft dargestellt und an einem Einzelereignis festgemacht. Die Auseinandersetzungen und das Programm zur Reinhaltung der Luft beschäftigten die Medien schon lange. Hier nun tat sich ein neuer Aspekt zu dem Thema auf. Doulon und Thorick galten als glaubwürdige Quellen, um so mehr als ihre Aussagen in einem offiziellen Amtsmemorandum festgehalten waren. Als Mannarino das vierseitige Memo vor sich liegen hatte, *wußte* sie, daß es eine interessante Sache war. Einer der deutlichsten Sätze in dem Memorandum lautete, die Genehmigung „sei eine Täuschung der Öffentlichkeit und peinlich für die Behörde". Für die CCAG war es darüber hinaus günstig, daß sie die Geschichte kontrollieren und sich die positiven Auswirkungen zugute halten konnten. Selbst wenn Hunderte von Pressemitteilungen jede Woche über den Tisch eines Reporters wandern, so ist sie dennoch eines der wirksamsten Mittel in der Öffentlichkeitsarbeit. Im Grunde genommen ist die Presseerklärung eine von einem Ghostwriter verfaßte Geschichte. Die Überlebenschance einer solchen Geschichte ist allerdings nicht sonderlich groß: Sie liegt bei 10 Prozent.

Erfolg und Mißerfolg einer Presseerklärung hängen in nicht geringem Maß vom Erscheinungsbild ab. Die Erfolgschancen steigen mit der Einhaltung der strikten Regeln über Inhalt und Form einer Presseerklärung. Zunächst einmal muß der in ihr verbreitete Tatbestand tatsächlich neu sein. Was das ist, definieren Journalisten, aber gewisse allgemeingültige Kriterien liegen vor. Eine Neuigkeit ist, was niemand je gesagt oder gehört hat; etwas, was gerade oder in absehbarer Zeit passiert; etwas, das viele Menschen oder eine genau bestimmbare Personengruppe betrifft; eine wichtige Persönlichkeit ist in den Vorfall verwickelt; sie ist ungewöhnlich, lustig, ironisch; sie hat einen menschlich interessanten Aspekt; sie ist die lokale Variante eines größeren Themas, das allgemein schon in den Medien behandelt wird.

Erfüllt die Presseerklärung einige oder alle dieser Kriterien, dann ist sie eine Nachricht, für die sich die Medien interessieren werden. Umweltschützer haben nur selten spektakuläre Neuigkeiten zu vermelden. Meist geht es bei ihnen um die Ankündigung einer Veranstaltung, um einen Spendenaufruf oder eine lokal begrenzte Kampagne. Auch solche Verlautbarungen gelangen in die Zeitungen – allerdings auf einer der hinteren Seiten, nicht vorn.

Der Publizist, der die Presseerklärung verfaßt, stellt bestimmte

Aspekte in den Vordergrund, andere hebt er nicht so stark hervor. Insgesamt muß sie sich wie eine Nachrichtenmeldung lesen. Im ersten Abschnitt steht die allerwichtigste Information, nachfolgende Absätze führen das aus und liefern Hintergrundinformation. Um diesen Stil zu erlernen, nimmt man sich am besten eine Zeitung vor und versucht, die Struktur der „umgedrehten Pyramide" nachzuahmen. Wenn sich der so verfaßte Artikel wie eine Meldung von dpa liest, ist der Standard erreicht.

Das äußere Erscheinungsbild von Presseerklärungen wechselt nicht von Jahr zu Jahr. Im Gegenteil, Journalisten reagieren ausgesprochen empfindlich auf Veränderungen der Form. Sie möchten, daß eine Presseerklärung zweizeilig getippt und nicht länger als zwei Seiten ist. Die Absätze sind kurz und umfassen in der Regel zwei Sätze. Außerdem sind Name und Adresse einer Kontaktperson angegeben, die nähere Auskünfte erteilen kann. Eine Presseerklärung wird in der Vergangenheitsform abgefaßt. Alle nicht bestätigten Tatsachen müssen als solche gekennzeichnet sein. Für die Glaubwürdigkeit ist es von Nutzen, einen offiziellen Briefkopf zu verwenden.

Am 23. November war die Presseerklärung über das Doulon-und-Thorick-Memorandum fertiggestellt. Im ersten Absatz wurde die CCAG lobend erwähnt, denn sie hatte das interne Memo ans Tageslicht der Öffentlichkeit gebracht. Außerdem wurde der Leiter des Umweltamtes angegriffen und zum Handeln aufgefordert. Der im ersten Abschnitt geleistete Vorstoß aber lag in dem Wort „Täuschung", das die Ingenieure zur Beschreibung des Berichts über die Luftverschmutzung durch den Autobahnausbau benutzten.

Der Rest der Presseerklärung enthielt die Hauptaussagen des Memorandums sowie Äußerungen des Vorsitzenden der CCAG, zum Beispiel, daß das Verfahren zur Erteilung von Genehmigungen ernster genommen werden sollte, nicht nur als eine Übung in Bürokratie, bei der Papier vollgeschrieben, hin- und herbewegt wird und das Ergebnis schon vorher feststeht.

Nun mußte nur noch die Frage geklärt werden, wann diese Presseerklärung veröffentlicht werden sollte. An welchem Tag gab es besonders wenig andere Neuigkeiten? Welche Medien sollten als erste davon erfahren?

Es gibt immer wieder Tage, an denen die Nachrichten nur spärlich hereinkommen, aber es gibt auch gewisse Regelmäßigkeiten. Normalerweise liegt am Wochenende weniger Nachrichtenmaterial vor als an anderen Tagen, aber in Fernseh- und Rundfunkstationen sitzt dann auch weniger Personal. Montagmorgen ist meist ein günstiger Zeitpunkt. Viele Zeitungen haben zwar dünne Montagsausgaben, trotzdem stürzen sich die Redakteure montags auf Presseerklärungen. Die Erklärung zu dem Doulon-und-Thorick-Memorandum erschien am Montag, dem 27. November.

Durch die unterschiedlichen Schlußtermine können natürlich nicht alle Medien die gleichen Neuigkeiten am selben Tag bringen. In Connecticut ist der *Courant* mit 200000 Lesern eine der großen Morgenzeitungen und gilt als für den ganzen Staat am einflußreichsten. Auszüge aus dem *Courant* werden außerdem für die Presseschau in den Frühsendungen des Fernsehens zitiert. Andererseits gibt es in Connecticut mehr Abendzeitungen, allerdings mit einer kleineren Leserschaft.

Wegen der Streuung und des Einflusses gab Julie Mannarino die Presseerklärung am Montagmorgen frei, so daß der *Courant* und andere Morgenzeitungen sie zuerst nutzen konnten.

Donnerstagabend wurde die Presseerklärung der CCAG zusammen mit einer Photokopie des vierseitigen Memorandums an über 100 Tageszeitungen, Wochenschriften, Funk- und Fernsehanstalten versandt. Vier Tage später konnten die Menschen überall im Land das lesen, was vor wenigen Wochen noch Gesprächsgegenstand zweier wütender Beamter gewesen war.

Wie erwartet, brach am Montag ein Sturm los. Auf der Titelseite des *Courant* stand in großen Buchstaben: „Bericht über die Luftverschmutzung durch Autobahnausbau in Memo kritisiert." Die Geschichte wurde in der Folge von über 50 Radiosendern und zwei Fernsehanstalten übertragen. Es war ein gelungener Coup. In einem gerichtlichen Verfahren konnte die CCAG das Memo benutzen, um den Bau einer weiteren Straße zu verhindern.

Durch die Angriffe der Umweltschützer sah sich der Leiter des Umweltamtes genötigt, eine Vereinbarung zu unterzeichnen, nach der nie wieder öffentlich von seinem Amt erklärt werden sollte, Autobahnen könnten die Luftverschmutzung verringern. Natürlich war die Presse bei der Unterzeichnung dieser Vereinbarung zugegen.

B. P. B.

Pseudo- und andere Ereignisse

Im Jahre 1976 wickelte eine kanadische Verbrauchergruppe das Rathaus ihrer Stadt in grellrotes Geschenkband ein. In einer dazu herausgegebenen Erklärung verkündete sie, die Stadt kümmere sich zu wenig um die Interessen der Verbraucher. Um die unmenschlichen Bedingungen in amerikanischen Gefängnissen anzuprangern, hielt eine Bürgerrechtsgruppe eine Pressekonferenz vor einem Affenkäfig ab. Der Bundesstaat im Mittelwesten der USA gab nämlich mehr Mittel für die Affen im Zoo aus als für die Menschen in den Gefängnissen. An der Westküste der Vereinigten Staaten sammelte eine Umweltschutzgruppe einen Tag lang den Müll einer Schnellrestaurantkette, schichtete ihn zu einem festen Haufen auf und lud die Reporter zu einer Pressekonferenz auf dem „Misthaufen" ein.

Diesen drei Ereignissen ist eins gemeinsam: Sie sind für die Medien unwiderstehlich. Man kann sich wohl kaum einen Sender oder eine Zeitung vorstellen, die sich den Bericht über ein solches Ereignis entgehen lassen würde.

Der Sozialwissenschaftler Daniel Boorstin hat für derlei Ereignisse, die ausschließlich zu Showzwecken für die Massenmedien stattfinden, den Begriff „Pseudo-Ereignis" geprägt. Wie die meisten Menschen schätzt auch Boorstin Pseudo-Ereignisse nicht sehr. Er meint, Reporter sollten sich lieber nach echten Fällen umsehen, anstatt sich auf diese recht einfache Art Ereignisse präsentieren zu lassen. Aber das Aufspüren von echten Ereignissen, die ja meistens im Verborgenen stattfinden, erfordert Zeit und Kraft, setzt den Reporter Vorwürfen der Befangenheit oder Einseitigkeit aus und führt darüber hinaus auch noch in den seltensten Fällen zu schmissigen Reportagen.

Als Regel kann gesagt werden, daß es für die Medien ein sicherer Weg ist, ein öffentliches Interesse zu beschreiben, wenn dieses als Pseudo-Ereignis verkauft wird.

Fest etablierte und geschickte Stellen haben keine Schwierigkeiten im Arrangieren entsprechender Pseudo-Vorkommnisse. Eine Pressekonferenz im Rathaus, die Anhörung eines Parlamentsausschusses oder die Erschließung eines neuen Gebietes durch ein Bauunternehmen erfahren offensichtlich immer die Aufmerksamkeit der Medien. Weniger machtvolle Gruppierungen müssen es schon etwas verführerischer anstellen, wenn sie sich bei der Presse Gehör verschaffen wollen. Sonst laden sie zu einer Pressekonferenz ein – und niemand erscheint.

Die Nachrichtenmedien berichten über das, was sie für eine Nachricht halten. Ist jemand der Vertreter einer mächtigen Institution oder vertritt er eine Meinung, die von der Presse geteilt wird, dann ist *diese Person* automatisch immer eine Nachricht wert. Ist jemand in eine aktuelle Debatte verwickelt, die seit Tagen auf den Titelseiten verhandelt wird, dann sind die *Äußerungen dieser Person* Gegenstand der Nachricht. In allen anderen Fällen wird man durch seine *Taten* einer Nachricht würdig. Daher rührt die Betonung auf Neuigkeit, Originalität und mitmenschlichem Interesse bei den erfolgreichsten Pseudo-Ereignissen.

Das heißt natürlich nicht, daß man gleich ein Gebäude bombardieren oder sich in die Nationalflagge einwickeln muß, um Aufmerksamkeit zu erregen. Es hat ja des öfteren Fälle gegeben, wo durchaus viel öffentliches Interesse geweckt wurde, aber kaum Sympathien. Das kann nicht gerade erfolgreich genannt werden, wenn es eigentlich darum geht, den Unterstützerkreis für ein bestimmtes Thema zu vergrößern. Statt dessen ist es günstig, sich ein angemessenes Ereignis auszudenken, eines, das das öffentliche Interesse genau auf die entscheidende Frage lenkt und nicht so sehr radikale Positionen offenbart. Sollten Sie sich zu der ungewöhnlichen Maßnahme entschließen, das Rathaus einzuwickeln, dann empfiehlt es sich, die „Verpackung" nach Beendigung der Aktion wieder zu entfernen. Weitere Tips:

1. Die ganze Gruppe sollte sich an der Vorbereitung beteiligen. Eine starke – geordnete – Beteiligung hat schon manchem Pseudo-Ereignis zum Erfolg verholfen.
2. Die entscheidende Frage darf nicht im Spektakel untergehen. Sprecher sollten die Hintergründe für das Pseudo-Ereignis erklären. Für vorübergehende Passanten sollte ein Flugblatt vorbereitet sein.
3. Die Medien sollten vorher informiert werden, ohne daß der Clou der Aktion verraten wird. Sie sollten wissen, daß etwas stattfinden wird, bei dem gute Bilder und eine gute Geschichte herauskommen. Nach Möglichkeit kann man mit einem Reporter den günstigsten Zeitpunkt abstimmen.
4. Wenn es irgendwelche Zweifel über den Ablauf des Pseudo-Ereignisses gibt, sollte mit der Polizei Rücksprache genommen werden. Eine unerwartete Konfrontation mit der Polizei während der Veranstaltung ist das Letzte, das der Sache guttut.
5. Für die Pressevertreter, die nicht kommen, sollte eine Presseerklärung vorbereitet sein – am besten auch ein Band für Radiosender.

In der berühmt gewordenen „Flaschenschlacht" standen sich amerikanische Umweltschützer, die die Wiedereinführung der Pfandflaschen forderten und eine starke Industrielobby gegenüber. Um ihrem Anliegen Nachdruck zu verleihen, bauten Aktivisten ein trojanisches Pferd und rollten es bis vor das Parlamentsgebäude. Als sich auch die geladenen Reporter eingefunden hatten, öffnete der Sprecher der Gruppe eine Klappe im Bauch des Pferdes und Flaschen und Dosen kullerten heraus. Er erklärte dazu, daß die von der Industrie favorisierte Gesetzesvorlage genauso wie sein trojanisches Pferd eine List sei. Sollte die Gesetz werden, so würde das nicht zur Lösung des Müllproblems führen, sondern im Gegenteil die Müllberge noch vergrößern. Dieses Ereignis machte Schlagzeilen im ganzen Land und trug zu einer Ablehnung der Gesetzesvorlage bei. (*Timothy Kelly/M. frdl. Gen. Bruce Ballenger*)

6. Bitte keine Wiederholungen! Was letzten Monat noch neu und witzig war, wird morgen nicht noch einmal irgendjemanden hinter dem Ofen vorlocken.
7. Nie sollte der Begriff Pseudo-Ereignis fallen. Journalisten denken gern, daß sie nur Neuigkeiten verarbeiten.

Quelle: Dr. Peter Sandman. Nachdruck mit frdl. Gen. durch Access

Schriftlicher Protest

Der New Yorker Rechtsanwalt und Umweltschützer Leo Rothschild schrieb eines Tages im Jahre 1963 einen Brief an den Herausgeber seiner Tageszeitung, der *New York Times*. Dieser Brief begann ganz schlicht: „Das Hochland des Hudson ist nun in Gefahr. Diese Landschaft gehört zu den größten Naturschönheiten unseres Landes und sollte für alle Zeiten erhalten werden."

Drei Jahre zuvor hatte „Consolidated Edison", die Elektrizitätsgesellschaft, die das wachsende New York mit Strom versorgt, in aller Stille damit begonnen, Pläne für ein Wasserkraftwerk am Hudson zu entwickeln. Ein Ort namens Storm King Mountain, den „Con Ed" für das Kraftwerk ausgesucht hatte, war für das Vorhaben des Unternehmens geradezu ideal. Er war beinahe unbewohnt, für die Wasserspeicher war reichlich Platz vorhanden und, obgleich einige Sprengungen in den Granitfelsen nötig würden, waren die Techniker sicher, daß sich keine größeren Probleme ergeben würden.

Wie sich herausstellte, gab es doch ein Problem. Der Platz, den „Con Ed" sich für das neu zu schaffende Wasserkraftwerk ausgesucht hatte, das die Stadt New York mit Strom versorgen sollte, war von unglaublicher Schönheit: einer der letzten unberührten Wasserwege im Nordosten der USA.

Als Leo Rothschild seine Feder spitzte und den Brief zur Rettung von Storm King Mountain schrieb, hatte es den Anschein, als seien schon alle Signale *für* den Bau des Wasserkraftwerkes gesetzt. Die Bundeskommission für Energieversorgung hatte bereits ihre Einwilligung gegeben und alle rechten Politiker standen hinter dem Projekt. Rothschilds Brief war wie ein Schrei in der Wüste. Allerdings war es ein *guter* Brief: Kurz und prägnant, dringlich und doch überlegt beschrieb er die Einzelheiten des Vorhabens so plastisch, daß der Leser nicht umhin konnte, den drohenden ästhetischen Verlust zu spüren. Der Brief endete mit dem folgenden Kampfaufruf:

„Wir können nicht zulassen, daß der schönste Teil eines der schönsten Flüsse der Welt verschandelt wird", schloß er. „Ich hoffe, es entsteht genügend öffentlicher Unmut zur Bildung einer Bewegung, die diesen Fluß rettet."

Auf den Abdruck dieses Briefes erfolgte ein Sturm an Reaktionen. Die *New York Times* veröffentlichte rasch nach Rothschilds

Brief einen eigenen Kommentar, der sich ebenfalls gegen das Wasserbauprojekt aussprach. Alarmierte Anwohner entlang des Flusses schlossen sich nun in der „Scenic Hudson Preservation Conference" (Konferenz zur Erhaltung des landschaftlich schönen Hudson) zusammen (s. a. „Ein Sänger, ein Schiff und ein Fluß", Band 3 der COUSTEAU-UMWELTLESEBÜCHER). Bundesweite Umweltschutzorganisationen schlossen sich dem Kampf gegen die Zerstörung von Storm King Mountain durch „Con Ed" an. Es dauerte nicht lange, da taten sich Menschen in allen Landesteilen der USA zusammen, Spenden wurden gesammelt und Umweltschützer kämpften bei Anhörungen und vor Gericht. Das dauerte über zehn Jahre. Das Wasserkraftwerk wurde nie gebaut. Kein schlechter Erfolg für einen kurzen Leserbrief und eine Briefmarke!

Umweltschützer sind produktive Briefeschreiber. In den sechziger und siebziger Jahren waren in den Vereinigten Staaten gut organisierte Briefkampagnen, die stets eine ganze Flut von Protestbriefen auslösen sollten, ein integraler Bestandteil aller großen Widerstandskampagnen. Als sich der „Sierra Club" um die Rettung des Grand Canyon bemühte, den das Army Corps of Engineers fluten wollte (s. a. „Anzeigen retten einen Canyon" S. 148), gingen 20 000 Protestbriefe ein. Als ein Bündnis mehrerer Umweltschutzgruppen den Bau der Trans-Alaska-Pipeline stoppen wollte, gingen Zehntausende von Briefen und Telegrammen an das Innenministerium und das Parlament. Diese postalische Schlacht wurde über zwei Jahre am Leben gehalten. Gleichwohl ging sie verloren. Aber dasselbe Bündnis organisierte später eine ähnliche Briefkampagne, um zu erreichen, daß mehrere Millionen Hektar Land in Alaska in ihrer Unberührtheit belassen würden. Die Umweltschützer sind heute sicher, daß sie mit ihren Briefen einen entscheidenden Beitrag zur Erhaltung der Wildnis leisten konnten.

Diese frühen Beispiele zeigen die Macht der Feder. Einige Umweltschützer haben inzwischen reaktionsschnelle Alarmsysteme aufgebaut, die eine Protestbriefwelle auslösen können. Die *National Wildlife Federation* kann in 24 Stunden 7500 Alarmrufe an ihre Mitglieder verschicken. Die Lobby der Geschäftsleute hat diese gute Taktik sofort übernommen. Ihr stehen aber viel bessere Möglichkeiten zur Verfügung. Zum Beispiel kann sie durch einen Knopfdruck auf den Computer sehen, welche ihrer Mitglieder zuverlässig an ihren Abgeordneten schreiben werden, wenn es darum geht, Umweltschutzgesetze zu blockieren.

Im Jahre 1978 löste ein Brief von acht Frauen aus Oregon eine internationale Welle der Solidarität aus und führte zu der weitreichenden Entscheidungen der EPA (Environmental Protection Agency; Umweltschutzbehörde der USA), die Anwendung mehrerer Pestizide in den nordwestlichen Staaten der USA zu verbieten.

„Wir sind acht Frauen aus der Alsea-Gegend", begann der Brief. „Wir leben umgeben von Nutzwäldern, die dem Staat oder privaten Besitzern gehören. Seit Jahren werden diese Wälder im Frühling mit dioxinhaltigen Herbiziden besprüht."

Der nächste, erschreckende Absatz lautete: „Wir acht Frauen haben seit 1973 jeweils in den Frühlingsmonaten zusammen zehn Fehlgeburten erlitten."

Des weiteren wurden in dem Brief Einzelheiten über die Fehlgeburten, Daten über die Sprühaktionen sowie Unterlagen über den Zusammenhang zwischen giftigen Chemikalien und Gesundheitsschäden dargestellt. Dieser Brief wurde zusammen mit weiterem Belegmaterial an mehrere Bundesbehörden geschickt, von denen die Frauen Hilfe erhofften (s. a. „Geburtsschäden", Band 4 der COUSTEAU-UMWELTLESEBÜCHER).

Die EPA entsandte sofort Seuchenspezialisten in das Gebiet, die den Beschwerden der Frauen nachgingen. Im März 1979 verhängte die EPA ein vorläufiges Verbot über zwei der bezeichneten Herbizide.

Der Brief der Frauen aus Alsea war nach allen Regeln der Kunst aufgesetzt worden. Sie konnten offizielle Stellen zur Unterstützung ihrer Thesen heranziehen, und trotz ihrer persönlichen Leidenswege klang der Ton sowohl leidenschaftlich als auch kooperativ. Man konnte ihre Absicht nicht mißverstehen, ihre persönliche Bitte nicht ignorieren. In sehr mutiger Weise standen sie zu dem, was sie für richtig erkannt hatten. Angefangen hatten auch sie mit etwas Zeit, Papier und Briefmarken. J. M. V., B. P. B.

Wie schreibt man einen solchen Brief?

„Lieber Herausgeber" ist der simple Briefanfang, mit dem eine Million zählende Leserschar erreicht werden kann. Ein Brief an Ihren Abgeordneten wird vielleicht nur von einer Person gelesen, aber wenn er überzeugend formuliert ist und mit hunderten ähnlicher Briefe eintrifft, hat er unter Umständen einen Einfluß.

Auf jeden Fall ist folgendes zu beachten:
1. Fassen Sie sich kurz und bleiben Sie bei dem entscheidenden Punkt. Eine Seite muß reichen.
2. Betonen Sie Ihr Hauptargument. Erwähnen Sie es mehrmals.
3. Zeigen Sie, daß Sie über das Thema Bescheid wissen. Zitieren Sie Fachleute und geben Sie die Gründe für Ihren Standpunkt an.
4. Bei Briefen an die Zeitungsredaktion empfiehlt es sich, auf bereits zu dem Thema veröffentlichte Artikel oder Leserbriefe Bezug zu nehmen.
5. Rufen Sie zu einer Aktion auf. Erzählen Sie dem Leser, was Sie von ihm erwarten.
6. Geben Sie Ihrem Brief dadurch Gewicht, daß Sie den persönlichen Bezug herstellen. Beschreiben Sie, was die Sache mit dem Leben des Lesers zu tun hat.
7. Seien Sie persönlich und haben Sie keine Angst vor Gefühlen.
8. Drohen Sie nicht.
9. Geben Sie sich zuversichtlich. Neben dem Bedrohlichen sollte auch Positives erwähnt werden.
10. Wenn möglich, sollten Sie den Brief mit Schreibmaschine auf Ihrem Briefpapier mit Briefkopf schreiben. J.V. M.

Wie sag ich's meinem Nächsten?

Diese Frage ist bislang für Umweltschützer kaum wichtig gewesen. Wie andere gutwillige Kämpfer auch, haben die Umweltschützer bisher versucht, Verbündete zu finden, indem sie die nackten Tatsachen und sonst nichts auspackten. In diesem Geist predigten die Kernkraftgegner die Litanei harter, furchterregender Fakten. Sie zählten beispielsweise auf, wie viele Tote es bei einem ernsthaften Unfall in einem Kernkraftwerk geben würde. Gruppen, die über Rohstoffverknappung arbeiteten, zitierten erschreckende Statistiken über das Müllaufkommen der durchschnittlichen Familie. Finanziell knappe Umweltschutzgruppen schickten Spendenaufrufe an ihre Mitglieder mit dem Hinweis, die ganze Organisation würde auf der Stelle zusammenbrechen, wenn nicht sofort gespendet würde.

Das mag ja alles stimmen: Die Gefahren einer Atomkatastrophe sind in der Tat atemberaubend; wir sind entsetzliche Müllproduzenten; beinahe jede Umweltschutzgruppe ist ständig in den roten Zahlen. Solche Aufrufe können jedoch nur diejenigen – wenn überhaupt – erreichen und motivieren, die schon überzeugte Kämpfer sind. Allgemein aber ist die Reaktion der verunsicherten Masse der Menschen, die Anti-AKW-Bewegung für die Unruhe zu strafen (oder zu ignorieren), nun gerade den Müll ordentlich in einen sauberen Müllbeutel zu stecken und keinen Pfennig zu spenden für eine Gruppe, die sowieso gerade untergeht.

In der Welt der Massenkommunikationsmittel, in der Hunderte von Nachrichten täglich um die Aufmerksamkeit der Menge buhlen, reicht es einfach nicht aus, die Wahrheit zu sagen. Es kommt darauf an, wann man sie sagt, wie man sie sagt und wem man sie sagt. Politiker wissen dies. Werbefachleute auch. Vielleicht ist es jetzt an der Zeit, daß die Beschützer dieses Planeten ebenfalls lernen, ihre Sache aufrichtig *und* geschickt zu präsentieren. Es geht nicht um die Zurücknahme von Wahrheiten, nicht um das Verstecken von Fakten. Es geht vielmehr um Zeitpunkt, Umstand und Auswahl: Wann wird was erzählt und auf welche Weise wird es präsentiert; wann ist es sinnvoll, angemessene Gefühle zu zeigen und wann schweigt man am besten. Grundsatz ist immer, nicht zu lügen. Die Tatsachen sollen in lebendiger und anregender Weise dem Zuhörer nahegebracht werden, ihn aber nicht langweilen oder gar anwidern. Dies alles bedeutet im Kern, daß Umweltschützer die Kunst der Überzeugung lernen müssen.

Wenngleich es sich bei dieser Kunst um eine Erfindung des 20. Jahrhunderts handelt, haben die Fachleute bereits eine umfangreiche Literatur zusammengetragen. Ungeduldige Werber und propagandaabhängige Regierungen haben Studie über Studie zu den Strukturen der Überzeugungskommunikation verfaßt. Jede Frage ist bereits behandelt worden – wie oft eine Telefonnummer in einem 30-Sekunden-Werbespot genannt werden muß, damit sie sich dem Zuhörer einprägt, bis zu der Frage, wie eine Regierung ihr Volk dazu bewegt, in Kriegszeiten billiges Fleisch zu kaufen.

Soll man jedoch festlegen, wie eine Kommunikation erfolgreich verläuft, so ist man in starkem Maße von seiner Intuition abhängig. Im folgenden Quiz können Sie ihre Fähigkeit testen, jemanden für etwas zu motivieren. Das ist schließlich das Ziel. Es ist ja ganz schön, wenn Sie andere Menschen informieren und belehren können, haben Sie aber nicht die Fähigkeit, sie zum Handeln zu veranlassen, dann werden Sie keine Wale retten, effektiv vor den Gefahren der Kernkraft warnen oder irgendeine andere Veränderung bewirken können. Alle der folgenden Fragen lassen eine bestmögliche Antwort zu.

Fragen

I. Um neue Mitglieder für die „Rettet-die-Wale"-Gruppe (Whale Defenders Inc.) zu gewinnen, werden Sie gebeten, ein Plakat zu malen. Für welches der drei folgenden Designs würden Sie sich entscheiden?

A: Dieses Poster zeigt den blutigen Todeskampf eines Bartenwals in leuchtenden Farben. Im Vordergrund steht ein streng blickender Umweltschützer in einem kleinen Boot und zeigt auf den sterbenden Wal. Als Überschrift dient der Slogan: „Was haben Sie in letzter Zeit getan, um das Abschlachten Tausender Wale zu beenden? Treten Sie den Whale Defenders Inc. bei."

B. Die Hälfte des Plakats zeigt einen lächelnden Manager, der ganz akkurat gekleidet in seinem wohlausgestatteten Büro sitzt. Dazu der Schriftzug: BEHAUPTUNG: „Unser Unternehmen ist besorgt. Wir haben Millionen für den Umweltschutz ausgegeben. Unter großen Verlusten für das Unternehmen haben wir unsere Beteiligung am Walfang aufgegeben." Die andere Hälfte des Plakats zeigt einen blutverschmierten Walfänger. Auf der Seite steht folgendes zu lesen: WAHRHEIT: „Dieser Piratenwalfänger, 1979 für den Tod von 3000 Walen verantwortlich, verkauft 80 Prozent seiner verarbeiteten Walprodukte an den Mann, der „die Beteiligung am Walfang aufgegeben" hat. Unterstützen Sie die Whale Defenders dabei, dieses Schiff zu stoppen. Und diesen Mann."

C. Das Poster zeigt einen Buckelwal, der gerade ins klare Wasser abtaucht. Seine Schwanzflosse geht über in den Schriftzug: „Und dies ist das Ende der Buckelwale ... wenn Sie nicht die Whale Defenders unterstützen."

II. Sie entwerfen eine Anzeige für Ihr Lokalblatt. Die Anzeige soll den Widerstand gegen ein Atomkraftwerk anregen, das in Ihrer ländlichen Gegend gebaut werden soll. Gleichzeitig wollen Sie Mitglieder für die Energiespargruppe (Bürger sparen Energie) gewinnen. Welche Anzeige finden Sie am passendsten?

A. Eine Skizze eines Atomkraftwerks. Davor ein Einbahnstraßenschild. Der Text lautet: Kernkraft kann tödlich sein. Wollen Sie sich auf diese Einbahnstraße begeben? Kommen Sie zu „Bürger sparen Energie"!

B. Das Bild zeigt Hermann Olsen, einen Bauern aus der Gegend, vor seiner Windmühle, mit der er seit kurzem die nötige Energie für seinen Milchstall erzeugt. Dazu ein Zitat: „Ich weiß nicht viel über Kernkraft. Aber ich lerne immer dazu und – ehrlich gesagt – es macht mir Angst. Also diese Windmühle, die verstehe ich. Sie ist billig, ich kann sie selbst reparieren und sie läuft. Da war für mich die Entscheidung einfach. Ich bin gegen das Kernkraftwerk. Ich bin einer von „Bürger sparen Energie".

C. Ein Photo zeigt das Areal, auf dem das Atomkraftwerk errichtet werden soll. Über das Photo ist ein riesiges Fragezeichen gelegt. Rings um das Fragezeichen sind Äußerungen von Wissenschaftlern, Politikern und Umweltschützern zum Thema Sicherheit von Kernkraft gruppiert. Der Text: „Wenn alle diese Leute Fragen zum Thema Kernkraft haben, dann geht es Ihnen sicherlich nicht anders. Antworten erhalten Sie bei: „Bürger sparen Energie".

III. Sie sind Mitglied einer Organisation, die sich für die Verbreitung von Solarenergie (Solar-Lobby) einsetzt. Jetzt schreiben Sie einen Brief, in dem Sie zu Spenden aufrufen. Die Gruppe braucht dringend Geld. Welche Form halten Sie für die erfolgversprechendste?

A. „Wieder einmal wenden wir uns verzweifelt an Sie. Die Solar-Lobby kann ihre wichtige Aufgabe nicht fortsetzen, wenn sie nicht von Menschen wie Ihnen für ein weiteres Jahr unterstützt wird."

B. „Ein Großangriff bestimmter Interessengruppen hat uns in unseren Zielen weit zurückgeworfen. Nächstes Jahr können wir ins Parlament kommen – aber nur mit Ihrer Hilfe."

C. „Max Higgins unterstützt die Ölindustrie. Er hofft, daß Sie nicht gerade die Solar-Lobby unterstützen."

IV. Um die Anwohner Ihres Ortes dazu zu bewegen, zu einer Anhörung über die Anhebung der Strompreise zu kommen, entwerfen Sie ein Flugblatt. Welche der folgenden Möglichkeiten sollte als Überschrift auf dem Flugblatt erscheinen?

A. Dienstag abend: Die Anhörung zur Strompreiserhöhung!

B. Ihre Stimme zählt! Erheben Sie sie am Dienstag abend!

C. Sie können verhindern, daß Ihre Stromrechnung jedes Jahr weiter ansteigt!

V. Sie haben gerade eine Sammelstelle eröffnet, an der Bürger alle möglichen Gegenstände, die sich zum Recycling eignen, abgeben können. Nun möchten Sie die Menschen auffordern, dieses Recycling-Zentrum zu nutzen. Dazu haben Sie sich folgendes ausgedacht: Erstens wird in einem Fernsehwerbespot eine bekannte Schauspielerin aus Ihrer Stadt gezeigt, die zusammen mit ihrer Familie Weißblech- und Aludosen plattdrückt, leere Flaschen auswäscht und Altpapier auf einen Stapel legt; zweitens klärt eine attraktiv aufgemachte Broschüre über das Recycling-Zentrum sowie die dadurch ermöglichten Einsparungen auf; drittens gibt eine Presseerklärung Auskunft über die Öffnungszeiten und Leistungen des Recycling-Zentrums. Welche Vorgehensweise bringt den größtmöglichen Erfolg für die drei Maßnahmen?

A. Sie schicken die Presseerklärung an die Zeitungen, danach senden Sie die Broschüre in die einzelnen Haushalte und schließlich lassen Sie den Werbespot im Fernsehen laufen.

B. Sie schicken die Broschüre an die Anwohner, dann wird der Werbespot gesendet und dann erst geht die Presseerklärung an die Presse.

C. Zuerst erscheint die Werbung im Fernsehen, dann wird die Presseerklärung an die Zeitungen verschickt und danach erhalten die Anwohner die Broschüre an der Eingangstür des Recycling-Zentrums.

Antworten

I. Die erste der möglichen Antworten konfrontiert uns mit der alten Frage der Kommunikationsforscher, die auch die Umweltschützer beantworten müssen: Sollen wir es so formulieren, daß die Leute sich schuldig fühlen oder daß sie ärgerlich werden?

Wenngleich alle drei Plakatentwürfe die Dringlichkeit der Walfrage wiedergeben, so gilt nach jahrelangen Forschungen im Bereich Kommunikation Möglichkeit B als die erfolgversprechendste. Es war vor allem in den ersten Jahren der aufstrebenden Umweltschutzbewegung modern, in allen Menschen ein schrecklich schlechtes Gewissen darüber zu erwecken, daß die Umwelt in solch katastrophalem Zustand ist. (Berühmtes Beispiel aus den Vereinigten Staaten ist ein Cartoon, in dem Pogo, die Hauptperson, über eine Landschaft schaut, in der überall Abfall herumliegt. Dann sagt Pogo: Wir haben den Feind gesehen – das waren wir selbst.) Auf eben dieses Schuldgefühl hebt Poster A in starkem Maße ab, weil es eindringlich danach fragt, was Sie getan haben, um das Walschlachten zu beenden. Im Unterschied dazu macht Plakat B den Leser böse. Ärger richtet sich nach außen, während Schuldgefühle ins Innere eines einzelnen Menschen gehen. In diesem Fall richtet sich der Ärger gegen einen Gegner, der abgebildet ist: Ganz ordentlich und unaufrichtig wird er durch das Fleisch der toten Tiere reich.

Kürzlich wurden Studenten nach einem gefühlsbetonten Film über die gefährdete Wildnis beobachtet. Dabei ergab sich, daß diejenigen, die hauptsächlich Schuld empfanden, sofort nach dem Film bereit waren, eine Aktion mitzutragen (zum Beispiel eine Petition zu unterzeichnen). Hatten Sie aber erst einmal ihr Schuldgefühl beruhigt, so zeigten sie einen Monat später keinerlei Interesse an der Frage. Die Studenten dagegen, bei denen der Film vor allem Ärger ausgelöst hatte, waren ebenfalls nach dem Film zum Handeln bereit, aber ihr Ärger stieg im folgenden Monat noch an, so daß sie weitere Aktionen durchführen wollten. Was lernen wir daraus? Entwerfen Sie ein Plakat, dessen Botschaft die Leute böse macht, damit sie handeln.

Poster C ist wunderschön, aber weniger dramatisch und damit vermutlich weniger effektiv. Die Walfrage bietet sich für eine emotionale Werbung geradezu an. Das schöne Bild des Wales, der ins klare Meer eintaucht, mag die Gefühle ansprechen, aber der Text ist ernüchternd. Wenn dies schon das Ende der Buckelwale ist – ja, was soll's? Es macht den Leser traurig – und hilflos.

II. Wann sollten Umweltschützer angsterregende Texte verbreiten? Diese Frage ist gerade für die Kernkraftgegner von Bedeutung, denn sie warten häufig mit düsteren Botschaften auf. Die Anzeige A zielt hauptsächlich auf die Angst des Lesers. Mehrere Untersuchungen haben aber erwiesen, daß das Auslösen von Angst nur Erfolg hat, wenn erstens die Quelle glaubwürdig ist, sie zweitens mit etwas zusammenhängt, das den Adressaten lieb und teuer ist und drittens eine Auflösungsmöglichkeit besteht. Die Anzeige A erfüllt nicht eine dieser drei Bedingungen.

Entwurf C ist da schon besser, aber auch nicht optimal. Von keinem dieser berühmten Wissenschaftler und Politiker, die ja in dieser Stadt bestenfalls Außenseiter sind, würde man einen großen Einsatz erwarten.

Möglichkeit B ist die beste, denn die Überzeugungskraft der Aussage ist direkt mit der Glaubwürdigkeit von Hermann Olsen verknüpft. Als bekannter Bauer ist er für diesen Zweck ideal. Die meisten Anwohner werden das Gefühl haben, er sei einer von ihnen – mit denselben Ängsten, Werten und in diesem Fall mit der gleichen Vorsicht. Außerdem heißt seine Botschaft nicht einfach NEIN zur Kernkraft, sondern sie enthält ein positives Element: JA zu alternativer Energie.

III. Einen Spendenaufruf zu formulieren ist ein trickreiches Unterfangen. Es gibt ausgefeilte, erprobte Möglichkeiten (häufiger „Sie" als Anrede verwenden statt „wir"), aber im allgemeinen treffen die Prinzipien der Überzeugungskunst zu. Formulierung A ist falsch. Wer will schon Geld an eine Gruppe geben, die sich offensichtlich dafür schämt und außerdem einräumt, daß sie wahrscheinlich in einem Jahr wieder fragen muß? B ist da schon besser, allerdings sollte nicht das Zurückgeworfensein betont werden. Es würde positiver und vertrauenerweckender klingen, wenn statt dessen auf Erfolge hingewiesen würde. Die beste Formulierung ist C, denn sie erinnert an den Kampf zwischen David und Goliath. Da ist es klar, auf welcher Seite der Leser steht. Ein Brief in diesem Tenor könnte auch die Erfolge der Solar-Lobby auf Gesetzesebene erwähnen, die trotz der Bemühungen von seiten Max Higgins zustande gekommen sind. Im Unterschied zu A und B stellt die Alternative C auf Erfolg ab. Außerdem ist sie lustig.

IV. Manchmal ist der direkteste Weg der erfolgreichste. Antwort C erwähnt das aktuelle Problem: Es soll verhindert werden, daß die Strompreise erhöht werden.

V. Bei diesem Beispiel geht es um die korrekte zeitliche Abstimmung. Dr. Peter Sandman, Spezialist für Umweltkommunikation an der Rutgers-Universität, erläutert, warum er einen „doppelreihigen" Ansatz für den besten hält. Zunächst soll in den Menschen das Bedürfnis geweckt werden, etwas zu tun. Als nächstes muß dann dieser Drang durch konkrete Informationen zementiert werden. In diesem Fall kann der Werbespot mit der bekannten Schauspielerin motivierend wirken, denn er erweckt den Anschein, Recycling mache Spaß, könne mit der ganzen Familie betrieben werden und werde selbst von einer vielbewunderten Einwohnerin bejaht. Im Gegensatz dazu bietet die Presseerklärung nur denjenigen hilfreiche Informationen, die bereits entschieden sind, das Recycling-Zentrum zu nutzen.

Die Informationen in der Broschüre geben denjenigen inhaltliche Unterstützung an die Hand, für die das Thema neu ist. Nach Sandman ist Abfolge C am erfolgversprechendsten. Durch die zuerst ausgestrahlte Werbesendung werden die Menschen motiviert, sofort danach gibt die Presseerklärung entscheidende logistische Hinweise für all diejenigen, die es einmal ausprobieren wollen. Sind sie erst einmal im Recycling-Zentrum, dann fragen sie wahrscheinlich nach der Broschüre, um genauere Details zu erfahren. Das wird ihre Motivation zementieren. Sandman ist sicher, daß diese Strategie funktioniert – er hat sie an einem Recycling-Zentrum getestet. B. P. B.

Anzeigen retten einen Canyon

Im Jahre 1966 hatte es den Anschein, als sei die Regierung der Vereinigten Staaten entschlossen, den Grand Canyon zu fluten. Einflußreiche Politiker, darunter der US-Innenminister, behaupteten, durch Dämme im Grand Canyon könne mehr Wasser für den Südwesten der USA gespeichert werden. Zudem könnten Touristen auf Booten über das Speicherwasser paddeln und sich die Canyon-Wände aus der Nähe betrachten. Der Kongreß schien einverstanden, den Bau der Staudämme zu genehmigen.

Der „Sierra-Club" – bis dahin nicht sonderlich an politischen Themen interessiert – vermutete, die Öffentlichkeit, die erste Anzeichen von Umweltbewußtsein zeigte, würde außer sich geraten, wenn sie von den Plänen erführe. Die Medien aber zeigten sich ausgesprochen zurückhaltend. Unbeirrt suchte der „Sierra Club" nach einer Möglichkeit, die Öffentlichkeit zu informieren. Er fand eine kleine Werbeagentur in San Francisco, die eine Anzeigenserie konzipierte.

Die erste Anzeige füllte eine ganze Seite in der *New York Times*. Die Überschrift lautete: „Nur Sie können verhindern, daß der Grand Canyon aus Gewinnsucht geflutet wird." Der erklärende Text umfaßte nur 2000 Wörter und forderte die Menschen auf, ihrem Zorn öffentlich Ausdruck zu verleihen; zum ersten Mal war ein Coupon Teil einer solchen Anzeige. Er sollte an den Kongreß, den Innenminister oder an den „Sierra Club" geschickt werden.

Die Briefflut

„Der Innenminister gab bekannt, daß es noch nie in der Geschichte so viel Post zu einer einzigen Umweltfrage gegeben habe ... er war verblüfft", berichtete Jerry Mander, einer der Leiter der Werbeagentur. Der Innenminister hatte sage und schreibe 20 000 Briefe erhalten.

Die einzigartige Aktion hatte aber auch erschreckende Auswirkungen. Innerhalb 48 Stunden nach Erscheinen der Anzeige in der *Times* widerrief die Finanzbehörde die Steuerbefreiung für den „Sierra Club", da dieser nun offenbar angefangen hatte, parteilich für eine bestimmte Sache zu werben, was Gruppen verboten war, die von der Steuer befreit waren. Nach einer rasch vorgenommenen Buchprüfung wurde der Status des „Sierra Club" geändert. Mit der Zeit richteten die Mitglieder eine „Sierra-Club"-Stiftung ein, die nur Forschungsarbeit leistet und also den steuerfreien Status erhalten kann, während sich der „Sierra Club" weiterhin als Lobby betätigt.

Gleichwohl hatte die *Times*-Anzeige ihren Sinn erfüllt. Die Nachrichtenmedien berichteten über den Vorfall und lösten den größten öffentlichen Aufstand aus, der sich je an einer Umweltfrage entzündete. Zusätzlich warb auf der Anzeigenseite ein Mitgliedscoupon für den „Sierra Club" und innerhalb weniger Jahre war die Mitgliederzahl des „Sierra Club" auf mehr als das Doppelte angestiegen, was genügend Geld einbrachte, um die Anzeige sowie weitere in anderen Zeitungen zu finanzieren. Die bekannteste stellte der Öffentlichkeit folgende Frage: „Sollten wir die Sixtinische Kapelle fluten, damit die Touristen die Deckengemälde aus der Nähe betrachten können?"

Diese Anzeigen wurden etwa zwei Jahre lang veröffentlicht. Die Anteilnahme der Öffentlichkeit war so groß, daß die Gesetzesvorlage zum Fluten des Grand Canyon nicht angenommen wurde.

Für eine Briefmarke

Peter Sandman, der Kommunikationsspezialist der Rutgers-Universität, war über den Erfolg der außergewöhnlich wortreichen Anzeige verwundert. „Im Unterschied zu herkömmlicher Werbung waren diese Anzeigen nicht darauf angelegt, die Menschen zu überzeugen. Sie waren so erfolgreich, weil sie sich an Leute wandten, die schon überzeugt waren, nur noch nicht aktiv etwas unternommen hatten.

Zu dem Zeitpunkt gab es eine Reihe Menschen, die nicht wollten, daß der Grand Canyon geflutet würde, die das Army Corps of Engineers nicht leiden konnten und die unverbindliche Beziehungen zu Umweltschutzfragen und zur Politik hegten. Die Werbeagentur sprach mit ihren riesigen Anzeigen Menschen an, die bislang nicht besonders auf ihre diesbezüglichen Gefühle geachtet hatten. Die Anzeigen gaben all denen das Gefühl, sie gehörten zu einer großen Gemeinschaft. Zugleich lieferten sie Informationen, die als Argumente brauchbar waren, beschrieben den Leuten, was sie tun konnten und gaben ihnen durch die Coupons ein Mittel in die Hand, wie sie zum Preis einer einzigen Briefmarke effektiv helfen konnten."

Unveröffentlichte Nachrichten

Die Werbeagentur hält ihr Konzept nicht nur im Grand-Canyon-Fall für wirksam. „Anzeigen können wie Katalysatoren wirken", sagt der Leiter der Agentur, Mander. „Wenn die Medien sich weigern, ein bestimmtes Umweltproblem zu behandeln, kann eine interessierte Gruppe die Öffentlichkeit über Anzeigen direkt ansprechen und wachrütteln. Auch Nachrichtenleute können über die Werbung angeregt werden. Eine gute Anzeige kann einen aufsehenerregenden Effekt haben."

Mander und andere haben später eine nicht profitorientierte Beratungsgruppe gegründet, die alternative Werbestrategien entwickelt. Inzwischen gibt es mehrere solcher Gruppen in den USA.

Wenn auch nicht alle Kampagnen so erfolgreich verlaufen wie die um den Grand Canyon, so haben Umweltschützer mit einer Anzeige doch immer die Möglichkeit, „direkt – unbearbeitet – zur Öffentlichkeit zu sprechen", wie Mander sagt.

Nichtkommerzielle Anzeigen

Der Preis für diese Art von Öffentlichkeitsarbeit allerdings ist enorm. Medien im Druckbereich sind nicht verpflichtet, für eine gute Sache von allgemeinem Interesse Platz herzugeben.

Bei Funk- und Fernsehmedien ist das in den Vereinigten Staaten anders. Die Fairness-Doktrin, die die US-Kommission für Kommunikation erlassen hat, verlangt, daß alle Seiten bei einer „Kontroverse von öffentlichem Interesse" zu Wort kommen. Viele Sender kommen dieser Auflage nach, indem sie den verschiedenen Bürgerinitiativen Werbezeiten überlassen. Allerdings sind sie froh, wenn diese „öffentlichen Erklärungen" (Public Service Announcement; PSA) keine neuen Kontroversen auslösen, denn dann verlangen alle möglichen Beteiligten ebensoviel Sendezeit, um ihren Standpunkt darlegen zu können. Die Sender sind nicht verpflichtet, allen Gruppen Redezeit zu einem bereits diskutierten Thema innerhalb einer PSA zu gewähren. Der Sender kann zum Beispiel entscheiden, einen bestimmten Aspekt in einer Talk-show vorzustellen. Leider werden die meisten PSAs nicht zu den Hauptsendezeiten mit Spitzeneinschaltquoten gesendet. Diese Zeiten sind teuer und werden bevorzugt an zahlende Kunden abgegeben. Aber immerhin sind PSAs kostenlos. Sie können aus drei Sätzen bestehen, die eine Gruppe an den Redakteur schickt, oder auch aus einem professionell angefertigten 60-Sekunden-Spot. Manche Sender sagen Gruppen technische Hilfe bei der Herstellung ihrer PSA zu.

„Mit PSA hat man ein wirkungsvolles Mittel, Treffen bekanntzugeben, den Namen und die Glaubwürdigkeit der Gruppe öffentlich zu machen, kleinere Veränderungen im Verhalten der Menschen zu bewirken oder ihre Aufmerksamkeit auf eine bestimmte Frage zu lenken", sagt Sandman. „Für jeden einzelnen beginnt der politische Kampf mit kleinen Schritten: zu einer Veranstaltung gehen, ein Rechtsmittel einlegen, selbst das Bedenken einer Frage aus dem Umweltbereich. Manchmal kann man mit einer Anzeige nicht mehr erreichen, als daß erste Schritte initiiert werden. Man hofft dann, daß die Menschen in dem Veränderungsprozeß dazu gebracht werden, nähere Informationen herauszusuchen und sich gieltere Schritte zu überlegen." S. D., J. S., M. P.

Die Kunst der Imagepflege

Viele leitende Angestellte eines Unternehmens nennen es die angemessene Antwort auf die „Dampfdrucktopf-Atmosphäre" der politischen Umgebung. Andere drücken es unverblümter aus, indem sie sagen, es sei für die Geschäftswelt eine wirksame Art, mit „dem Sand im Getriebe" umzugehen. Besiegt von Umweltschützern und Bürgerrechtsvertretern müssen die Unternehmen immer mehr in aufwendige PR-Programme investieren, um ihr lädiertes Image aufzubessern und die Vorwürfe besorgter Kritiker abzumildern.

PR ist in der Geschäftswelt ein alter Hut. Aber während die PR-

Abteilungen bislang damit beschäftigt waren, Möglichkeiten zu zaubern, die hergestellten Produkte an den Mann zu bringen, sind sie neuerdings auch damit befaßt, das Image des Unternehmens in strahlendem Licht erscheinen zu lassen oder gar die Politik zu beeinflussen.

Kürzlich erwähnte ein Manager gegenüber der Zeitschrift *Business Week*: „PR war vor allem die Kunst, Informationen in die Medien zu bekommen, ohne dafür zu zahlen. Heute geht es um viel ausgefeiltere Interaktions-Techniken."

In der Tat sind die von den PR-Abteilungen entwickelten Kampagnen heute sehr viel spitzfindiger. Aber sie erreichen nicht immer das avisierte Ziel.

Die Zwickmühle in Harrisburg

Der „Zwischenfall" im Kernkraftwerk Three Mile Island bei Harrisburg war zum Teil das Waterloo der Kernenergieindustrie. Von Anfang an wußte die PR-Abteilung der „Metropolitan Edison" (so der Name der Betreiber), daß sie in vorderster Front gegen ein mögliches PR-Desaster kämpfte. Nachdem tagelang die widersprüchlichsten Meldungen an die verwirrten Reporter ausgegeben worden waren, hatte sie ihre Glaubwürdigkeit eingebüßt. Wie wackere Soldaten, die sich geschlagen geben müssen, riefen die PR-Leute von „Metropolitan Edison" Verstärkung herbei. Mit dem größten PR-Unternehmen der USA gingen sie in einem Hotel in Klausur, um eine wirksame Strategie zu entwerfen. Was sollten sie den 300 sie belagernden Reportern erzählen, die fast alle davon überzeugt waren, ihnen war der Ernst der Lage verschwiegen worden? Man ließ Bier in den Konferenzraum des Hotels bringen, um angespannte Nerven zu beruhigen. Als alle etwas gelöster waren, kamen die ersten Ideen, wie man diesem Alptraum entrinnen könnte. Einige der PR-Spezialisten machten sich mehr Gedanken darum, wie man ein Aufeinandertreffen mit den Journalisten vermeiden könnte als darum, wie es zu gestalten sei. Jemand schlug vor, fertige „Informationspakete" an die Presse zu verteilen, um der direkten Konfrontation aus dem Wege zu gehen. Ein anderer hielt die Verteilung einer Telefonliste mit Nummern der Betreibergesellschaft für angebracht – allerdings sollte stets das Besetztzeichen ertönen.

Nach einem langen Tag wurde die Stimmung im Konferenzraum

am Abend durch immer mehr Bier immer ausgelassener. Dies wurde von zwei Journalisten des *Philadelphia Inquirer* beobachtet, die sich die ganze Zeit – mal als Eheleute, mal als Liebespaar getarnt – vor dem Sitzungssaal aufhielten und lange Passagen der Konferenz mithören konnten. Niemand störte sie oder schickte sie fort. Ihr Bericht über das geheime Strategietreffen füllte eine Seite in der Sonntagsausgabe und wurde zum großen Lacherfolg unter Journalisten. Anstatt ihr Image aufzupolieren, hatten die PR-Leute von „Metropolitan Edison" Stoff für eine neue Geschichte geliefert. Man lachte über sie. Keine der auf der Konferenz erörterten Strategien wurde angewandt.

Fehlgeschlagene Anzeigen

Die Werbefachleute der Madison Avenue haben eine feine Nase für einen neuen Trend. Als das Umweltschutzfieber am Beginn der siebziger Jahre aufflackerte, sprangen die PR-Spezialisten rasch auf den fahrenden Zug. Schon 1970 lagen die Ausgaben für umweltbezogene Werbung nach Schätzungen eines Beobachters bei fast 1 Milliarde Dollar für einen Zeitraum von sechs Monaten. Was wollte diese Werbung verkaufen? Vor allem Behauptungen über das verantwortliche Verhalten der Unternehmen bezogen auf die Umwelt. Millionen wurden ausgegeben für neue Maßnahmen zur Kontrolle der Luftverschmutzung, für Programme zur Rettung wilder Tiere, für Bemühungen um saubere Städte. Einige Unternehmen warben mit einem direkten Bezug ihrer Produkte zu ökologischen Sachverhalten: das Benzin mit den niedrigsten Abgaswerten, die Waschmittel mit weniger Phosphaten, weniger Aufheller usw.

Einige dieser Anzeigen, in der Hauptsache ausgesprochen opportunistisch und selbstlobend, entsprachen durchaus den Tatsachen. Andere waren trügerisch, noch andere waren einwandfreie Lügen.

Die „Potlatch Forests Corporation" in Idaho veröffentlichte zu Beginn der siebziger Jahre eine Anzeige mit einem wunderschönen Photo, das einen über Steine dahinfließenden Strom zeigte. Er sah genau so aus, wie ein unberührter Bergfluß aussehen soll, in dem noch Forellen zu Hause sind. Unter diesem schönen Photo stand zu lesen: Es hat uns einiges gekostet, aber der Clearwater River ist immer noch so klar wie eh und je.

Potlatch Forests Inc. betrieb eine Papiermühle an den Flüssen Clearwater und Snake. Als das Photo entstand, wurden von Potlatch Forests tonnenweise organische Schmutzstoffe in die Flüsse abgelassen. Die Regierung war nicht eben erfreut darüber und überführte das Unternehmen der Verletzung der Reinhaltungsgebote. Danach kündigte Potlatch *Pläne* an, für Umweltschutzmaßnahmen 9,6 Millionen Dollar auszugeben. Dieses Geld war aber noch nicht ausgegeben, als die Anzeige mit dem herrlichen Photo erschien.

Die meisten kommerziellen Medien nehmen hocherfreut Werbeeinnahmen an. Die Behauptungen der Werber werden zwar zuweilen überprüft, aber so genau angeschaut wie im oben beschriebenen Fall von Potlatch Forests Inc. werden sie doch selten. Mit der Vermutung, der Clearwater River könne möglicherweise nicht mehr so klar und rein sein, wie die Anzeige der Öffentlichkeit weismachen wollte, wurde ein Fotograf von *Newsweek* beauftragt, den Fluß unterhalb der Papiermühle zu fotografieren. Der versank bei dieser Aufgabe beinahe in stinkendem Schlamm und konnte keinen wunderschönen, unberührten Fluß fotografieren. Das Foto aus der Potlatch-Forests-Anzeige war 80 Kilometer stromaufwärts aufgenommen worden, so fand *Newsweek* heraus.

Potlatch schien über die Enthüllung des Betrugs kein schlechtes Gewissen zu bekommen. Das Unternehmen ließ auf der Stelle jede umweltbezogene Werbung fallen. „Wir haben unser Bestes versucht", sagte der Direktor, „aber heute kann man einfach nichts mehr richtig machen – da können wir es auch ganz lassen."

McDonalds Röhrenwürmer

Stellen Sie sich den Direktor einer riesigen Schnellrestaurantkette und den Leiter seiner PR-Abteilung in folgendem Gespräch vor:

„Wir haben da ein Problem", murmelt der Direktor.

„Es gibt nichts, was wir nicht lösen könnten", läßt der PR-Mann zuversichtlich verlauten. „Worum geht's?"

„Das Gerücht ist wieder aufgetaucht."

Das Grinsen verschwindet aus dem Gesicht des Werbemanns.

„Welches Gerücht? Das über die gemahlenen Insektenteile in den Brötchen oder das über das Sägemehl in den Milch-Shakes?"

„Nein, nein, viel schlimmer", antwortet der Chef, der unruhig mit den Fingern auf dem Tisch trommelt. „Das Gerücht über die Würmer ist wieder aufgeflackert."

Wenn der PR-Fachmann die Kunst der Gerüchte-Kontrolle

beherrscht, dann weiß er, daß seine Abteilung nun drei Möglichkeiten hat, das heimtückische Gerücht, McDonalds Hamburger enthielten Röhrenwürmer, zum Verstummen bringen. Man kann ein solches Gerücht ignorieren und hoffen, daß die Wahrheit die Absurdität des Gerüchts offenlegen wird. Man kann ein solches Gerücht indirekt bekämpfen, indem man es durch die Veröffentlichung allgemein abgefaßter, euphemistisch klingender Berichte entkräftet. Diese PR-Maßnahme geschieht nur in dem Gebiet, in dem das Gerücht gerade lebendig ist. Die dritte Möglichkeit ist ein großangelegter, landesweiter Angriff, der das Wurmgerücht auslöscht, wo immer es sein häßliches Haupt erhebt.

Als sich McDonalds vor einigen Jahren tatsächlich vor die Entscheidung gestellt sahen, wählten sie die zweite Möglichkeit.

Nach Aussagen der Firmenleitung hatte das Gerücht im Sommer seinen Anfang genommen. Eine interne Untersuchung ergab Chattanooga in Tennessee als wahrscheinlichen Ursprungsort des Gerüchts. Und tatsächlich zeigten die Verkaufszahlen im Herbst einen Abfall um 20 Prozent in den Südoststaaten der Vereinigten Staaten. Die Manager, die das Gerücht zum Teil für den jähen Verkaufsrückgang verantwortlich machten, entschlossen sich zu einer Gegenoffensive.

Auf einer rasch einberufenen Pressekonferenz in Atlanta widerlegten die Vertreter von McDonalds vehement die fälschliche Behauptung, ihre Hamburger enthielten „Eiweißzusätze" – wie sie es nannten, um das Gerücht ja nicht beim Namen nennen zu müssen. Um ihren Aussagen größeres Gewicht zu verleihen, konnte die Firmenleitung aus einem Brief des US-Landwirtschaftsministeriums zitieren. Außerdem bestätigten Beschäftigte aus verschiedenen Fernsehanstalten, daß über das Gerücht der Röhrenwürmer niemals anders als über ein Gerücht berichtet worden war. Insgesamt war die Pressekonferenz für jeden Beobachter eine sehr erfolgreiche Demonstration.

McDonalds ist nicht der einzige Nahrungsmittelhersteller in den Vereinigten Staaten, der gegen Gerüchte zu kämpfen hat. In einem anderen Fall wurde erzählt, ein berühmter Kaugummi enthielte Spinneneier und erzeuge Krebs. Der Kaugummifabrikant gab zwischen 50 000 und 100 000 Dollar aus, um dieses Gerücht aus der Welt zu schaffen. Er stellte sogar Privatdetektive an, die es bis zum Verursacher zurückverfolgen sollten. Das berühmt gewordene Gerücht von der Kakerlake in der Coca-Cola-Flasche wurde bis vor die Gerichte getragen. Die Coca-Cola-Hersteller entschieden sich damals für die direkte Attacke: Ein Zeuge erklärte vor Gericht, daß Kakerlaken – selbst wenn das Gerücht stimmen sollte – keine gesundheitlichen Schäden verursachen würden. Zum Beweis aß er ein paar dieser Tiere vor den Augen des erstaunten Gerichts.

B. P. B.

Schlußwort: Die Strategie der Delphine

Überall auf der Welt ist es unübersehbar, daß diejenigen, die in den Parlamenten sitzen und die Entscheidungen treffen, von mächtigen Interessenverbänden mit großen Spenden- oder Unterstützerfonds sowie von mitgliederstarken Organisationen beeinflußt werden. Diejenigen unter uns aber, die die Meere lieben, die die tiefe Beziehung aller Lebewesen untereinander erkannt haben, die auf unserem blauen Planeten eine wachsende Bedrohung für die grundlegenden biologischen Funktionen wahrnehmen –, all diese Menschen haben weder das Geld noch die Macht auch nur eines einzigen Unternehmens in der Hand. Wir können allerdings die wunderbare Kraft unserer Masse, die Stärke einer vereinigten Gruppe von Weltbürgern ins Feld führen.

Wie traurig und wie beunruhigend ist das Ausmaß an Umweltzerstörung! Wir selbst sind ständig durch giftige Abfälle und tödliche Rechenfehler bedroht!

Es ist unglaublich. Es kann nicht hingenommen werden.

Wir müssen diese Torheit anhalten. Die wirksamste Waffe, die uns als Bürger – als Urheber – zur Verfügung steht, ist unsere zahlenmäßige Stärke. Eben das ist die Strategie der Delphine. Sie kommt immer dann zum Einsatz, wenn Delphine von größeren und stärkeren Tieren angegriffen werden. Werden Delphine beispielsweise von einem großen Hai verfolgt, dann wenden sie plötzlich alle gemeinsam, tauchen unter den Hai und stoßen – einer nach dem anderen – ihre stumpfen Nasen in den Bauch des Angreifers. Das ist die perfekte Strategie. Der Hai ist verwundbar, da er weder Rippen noch Zwerchfell hat, die seine inneren Organe schützen. Trotz all seiner Kraft und Gefährlichkeit wird der Hai besiegt – durch Intelligenz und zahlenmäßige Überlegenheit. Durch unsere Geschichte hindurch sind das immer wieder die Waffen der friedliebenden und einfachen Menschen gewesen.

Und lassen Sie mich einen letzten Gedanken anfügen. Selbst im

(The Cousteau Society)

Angesicht all der Düsternis, die derzeit auf uns und unseren Nachkommen lastet, gibt es keinen Grund zum Aufgeben. Aber es gibt genügend Gründe, den Kampf aufzunehmen, denn gerade heute ist die Macht in Reichweite, mit der die Menschen die richtigen Entscheidungen erzwingen können. Je mehr Menschen so denken, desto mehr Macht, desto mehr Hoffnung.

Für uns und unsere Kinder, deren Erbe wir plündern, sollten wir Wellen schlagen und damit die Entscheidungsträger zwingen, die Umwelt zu schützen und pfleglich zu behandeln. Wie können wir das erreichen? Indem wir als Familie der Menschen wachsen und die Mächtigen und Profitgierigen nötigen, unser Leben als das höchste Gut anzusehen. In unserer Phantasie könnten wir uns von den Delphinen leiten lassen, die sich und ihre Nachkommen dadurch schützen, daß sie bei Gefahr gemeinsam auftreten ... und daß sie Macht mit Klugheit bekämpfen.

An wen kann man sich wenden?

In den letzten Jahren hat sich allgemein ein kritisches Bewußtsein zu verschiedenen Themenkomplexen in unserem Land verstärkt herausgebildet. Immer mehr Menschen sind nicht länger bereit, Entscheidungen sang- und klanglos hinzunehmen, wenn sie sie als gegen sich, ihre Umwelt oder ein menschenfreundliches Leben im allgemeinen gerichtet sehen.

So gibt es Umweltschutzgruppen, Atomkraftgegner, Friedensgruppen und Frauengruppen, die mit verschiedensten Mitteln – und auch aus den unterschiedlichsten ideologischen Lagern stammend – für ein besseres Leben kämpfen.

Dabei gibt es Gruppen, die sich nur kurzfristig zur Durchführung einer einzelnen Aktion zusammenfinden und sich danach wieder auflösen. Andere Gruppen planen langfristig und bestehen über viele Jahre.

Auch die Organisationsform ist natürlich nicht einheitlich. Von autonomen Basisgruppen bis hin zu eher hierarchisch strukturierten Vereinen ist alles vertreten.

Es ist uns nicht möglich, die vielen, vielen Gruppen hier alle anzuführen – schon allein, weil sich die Adressen häufig so schnell ändern, daß man sie in keinem Buch festhalten kann. So haben wir uns auf die Auflistung der großen Landesgruppen beschränkt und bitten alle interessierten Leser/innen, in den jeweiligen Bundesländern nach weiteren Gruppen nachzufragen. Bezüglich der Frauengruppen haben wir uns entschieden, die Adressen der Frauenbuchläden aufzuführen, die ja zumeist auch als Informationszentrale fungieren und interessierte Frauen an Gruppen weiterverweisen können. Alle Adressen sind nach Postleitzahlen geordnet.

Umweltschutz:

BUND, Landesverband Berlin, 1000 Berlin, Theodor-Heuss-Platz 7, 030–3015644

Freunde der Erde, Berlin, 1000 Berlin 61, Mehringhof, Gneisenaustr. 2, 030–6928779

Landesverband der BI Umweltschutz, B. Herzog-Schlagk, 1000 Berlin 62, Cheruskerstr. 10

BUND, Landesverband Hamburg, 2000 Hamburg 63, Fuhlsbütteler Str. 756, 040–592555

BUU, BI Umweltschutz Unterelbe, 2000 Hamburg 20, Weidenstieg 17, 040–400423

BUND, Landesverband Schleswig-Holstein, 2300 Kiel 1, Lerchenstr. 22, 0431–673031

Landesverband BI Umweltschutz Schleswig-Holstein, 2301 Rewensdorf, Am Sande 21, 04346–1698

BUND, Landesverband Bremen, 2800 Bremen 1, Ostertorswallstr. 67, 0421–323606

Bremer BI gegen Atomanlagen, 2800 Bremen 1, St. Pauli-Str. 10/11, 0421–700144

BUND, Landesverband Niedersachsen, 3000 Hannover 1, Fundstr. 18, 0511–341636

Landesverband BI Umweltschutz Niedersachsen, 3000 Hannover 1, Hinüberstr. 18, 0511–343023

BI Umweltschutz Lüchow-Dannenberg e.V., 3130 Lüchow, Drawehner Str. 3, 05841–4684

Arbeitskreis gegen Atomenergie, 3400 Göttingen, Reinhäuser Landstr. 24, 0551–7700158

Umweltladen, 3500 Kassel, Elfbuchenstr. 18, 0561–775307

Anti-Atom-Büro, F. Jacob, 3549 Diemelstadt-Wethen, Auf dem Ort 10, 05694–737

BUND, Landesverband Nordrhein-Westfalen, 4030 Ratingen, Graf-Adolf-Str. 7–9, 02102–2081/2

BI Stop Kalkar, Haus am Damm, 4190 Kleve 1, Stechbahn 67, 02821–18549

Essener Initiative gegen Atomanlagen, 4300 Essen 1, Eltinger Str. 35, 0201– 323062

Arbeitskreis Umweltschutz Münster, Umweltzentrum, 4400 Münster, Bremer Str. 57, 0251–661206

BI gegen Atomenergie, 4500 Osnabrück, Meller Str. 49

Büro für Atomenergieprobleme, 4630 Bochum, Alsenstr. 30, 0234–331533

Landesverband BI Umweltschutz Nordrhein-Westfalen, Joachim Spangenberg, 5000 Köln 1, Große Telegrafenstr. 1

BBU, 5300 Bonn 1, Friedrich-Ebert-Allee 120, 0228–233099

Die Grünen, Bu.Gesch.-Stelle, 5300 Bonn 1, Colmantstr. 36, 0228–692021

BUND, Landesverband Hessen e. V., 6000 Frankfurt 70, Gemünder Str. 34, 069–681078

BUND, Landesverband Rheinland-Pfalz, 6522 Osthofen, Friedrich-Ebert-Str. 10, 06242–4646

Anti-AKW-Koordination Saar, Peter Bauer, 6600 Saarbrücken, Goethestr. 4

BUND, Landesverband Saarland, 6600 Saarbrücken, Mainzer Str. 14, 0681–33957

BUND, Umweltzentrum, 7000 Stuttgart 1, Rotebühlstr. 84/1, 0711–613332

BUND, Naturschutzzentrum, 7760 Radolfzell 16, Mühlbachstr. 2, 07732–10522

BUND, Baden-Württemberg, 7800 Freiburg, Erbprinzenstr. 18, 0761–35254

Wyhl-Informations-Zentrum, 7800 Freiburg, Habsburger Str. 9

Badisch-Elsässische Bürgerinitiativen, 7831 Weisweil, Hauptstr. 53, 07646– 286

BUND, Landesverband Bayern, 8000 München 22, Schönfeldstr. 8, 089–288300

BUND, Südbayern, 8000 München 40, Akademiestr. 15, 089–396089

BUND, Nordbayern, 8500 Nürnberg 60, Bauernfindstr. 23, 0911–868011

Friedensgruppen:

Arbeitskreis atomwaffenfreies Europa, 1000 Berlin 33, Friedrichshaller Str. 17, 030–6933655

Anstiftung der Frauen für den Frieden, Eva Quistorp, 1000 Berlin 41, Bundesallee 139, 030–8512705

Hamburger Friedensforum, 2000 Hamburg 13, Innocentiastr. 21

Hamburger Friedenskoordination, 2000 Hamburg 13, Jungfrauenthal 16, 040– 476321

Frauen gegen Krieg und Militarismus, Ursula Schirmeister, 2000 Hamburg 19, Faberstr. 23, 040–8506362

Arbeitskreis Wesermarsch, 2800 Bremen, Poststr., 0421–700144

Friedensbüro Hannover, 3000 Hannover 1, Maschstr. 24, 0511–883232

Föderation gewaltfreier Aktionsgruppen, Graswurzelwerkstatt, 3400 Göttingen, Rote Str. 40, 0551–43345

Regionalkonferenz West autonomer Friedensgruppen, 4600 Dortmund, Waldbergstr. 20, 0231–615275

Bildungswerk für Friedensarbeit, 5100 Aachen, Schildstr. 20

Initiative Kirche von unten, 5300 Bonn 1, Heerstr. 205, 0228–692165

Friedenskoordination Trier, 5500 Trier, Fleischstr. 7, 0651–76265

Koordinationsbüro südhessischer Friedensinitiativen, 6082 Mörfelden-Walldorf, Langgasse 40, 06105–24166

Friedensinitiative Osthessen, 6400 Fulda, Ohmstr. 14, 0661–74934

Saarländer gegen Atomraketen, 6600 Saarbrücken, Großherzog-Friedrich-Str. 44, Haus der Kirche

Kontaktstelle für gewaltfreie Aktionen Süddeutschland, 7000 Stuttgart 1, Senefelder Str. 37a, 0711–616474

Arbeitskreis Friedenspolitik, 7800 Freiburg, Poststr. 8, 0761–39576

Informationsbüro für Friedenspolitik, 8000 München, Pestalozzistr. 6, 089– 2604270

Forschungsinstitut für Friedenspolitik e.V., 8130 Starnberg, Postfach 1529, 08151–3007

Friedensladen, 8580 Bayreuth, Jean-Paul-Str. 8, 0921–56540

Frauenbuchläden:

Lilith, 1000 Berlin, Knesebeckstr. 86–87, 030–3123102

Von heute an, 2000 Hamburg 20, Bismarckstr. 98, 040–4204748

Hexenhaus, 2120 Lüneburg, Obere Schrangenstr. 8,

Frauenbuchladen, 2800 Bremen, Friesenstr. 12, 0421–74140

annabee, 3000 Hannover, Hartwigstr. 7, 0511–5324024

Im Magniviertel, 3300 Braunschweig, Magnikirchstr. 4, 0531–40744

Frauen- u. Kinderbuchladen, 3400 Göttingen, Burgstr. 3, 0551–47317

Aradia, 3500 Kassel, Reginastr. 14, 0561–17210

Frauen-Bücher-Zimmer, 4000 Düsseldorf, Duisburger Str. 50, 0211–464405

Frauenbuchladen, 4400 Münster, Sophienstr. 14–16, 0251–392884

Mother Jones, 4500 Osnabrück, Jahnstr. 17, 0541–43700

Zimtzicke, 4600 Dortmund, Adlerstr. 30, 0231–140821

Buchladen im FZ, 4630 Bochum, Schmidtstr. 12, 0234–683194

Frauenbuchladen GmbH, 4800 Bielefeld, Herforder Str. 64, 0521–68461

Frauenbuchladen, 5000 Köln, Moltkestr. 66, 0221–523120

Frauenbuchladen, 5100 Aachen, Bergdriesch 14, 0241–24415

Nora, 5300 Bonn 1, Wolfstr. 30, 0228–654767

Buchladen und Café für Frauen, 5600 Wuppertal, Am Brögel 1, 0202–87707

Frauenbuchladen, 6000 Frankfurt, Kiesstr. 27, 0611–705295

Sappho, 6200 Wiesbaden, Luxemburgstr. 2, 06121–371515

Xanthippe, 6800 Mannheim, T 3/4, 0621–21663

Frauenbuchladen, 6900 Heidelberg, Krämergasse 14, 06221–22201

Thalestris, 7400 Tübingen, Bursagasse 2, 07071–26590

Prima Donna, 7500 Karlsruhe, Viktoriastr. 9, 0721–25446

Frauenbuchladen, 7800 Freiburg, Brombergstr. 23, 0761–78150

Lillemor, 8000 München, Arcisstr. 57, 089–2721205

Frauenbuchladen, 8500 Nürnberg, Kleinreutherweg 28, 0911–352303

Die Funkenhex, 8960 Kempten, Bäckerstr. 28, 0831–18228

Verzeichnis der Abkürzungen

CITES Convention on International Trade in Endangered Species (= Konvention über den internationalen Handel mit gefährdeten Arten der wilden Flora und Fauna)
EPA   Environmental Protection Agency (= Umweltschutzbehörde; nur für die USA)
IJC   International Joint Commission (= Internationaler Rechtsausschuß zur Untersuchung von Umweltschäden)
IMCO   Intergovernmental Maritime Consultive Organization (= Internationaler Beirat der Vereinten Nationen für Meeresfragen)
SRI   Stanford Research Institute (= Forschungsinstitut Stanford)
UNO   United Nations Organization (= Vereinte Nationen)

Mitarbeiter/innen dieses Bandes

B. L.	Bruce Linker	K. F.	Kevin Finneran
B. P. B.	Bruce P. Ballenger	L. C.	Linda Carol Cherken
C. F.	Connie Farley	L. W.	Laurie Wolfe
D. D.	Dorothee Danzmann	M. A.	Mary Azrael
D. M.	Diane MacEachern	M. Mu.	Mary Mushinsky
E. M.	Elke Martin	M. P.	Mary Paden
H. F.	Hermann Feuersee	S. D.	Susan Davis
J. K.	Julie Kosterlitz	S. H.	Scott Hempling
J.M. V.	Jo Ann Myer Valenti	T. K.	Tim Knipe
J. S.	Julie Sullivan	W. M. B.	William M. Bloss
J. V.	John R. Vallentyne		

Register

Abkommen über die Reinhaltung des Wassers 100
Abkommen über die Sicherheit der Meere 100, 101
Antarktis 105
Atombombenversuche 102
Atom-Club 103
Atomsperrvertrag 56
Auktionen 78
Ausschließliche Handelszone 95

Bachmann-Teichrohrsänger 27
BBNU 59, 60
Belo Horizonte 23
Benzol 61
Billigflaggenländer 102
Boehringer 58, 59, 60, 61, 62, 63
Boorstin, Daniel 135
„Bottle Battle" 81, 137
Briefkampagne 139
Buckelwal 108, 143
Bündnisbildung 19, 20, 21, 80, 81, 83
Bundesforschungsanstalt für Milchwirtschaft 59

Cape Cod 114
Carter, Jimmy 127
Cavtat 111, 112, 113
CBE 70, 71, 72
Chloroform 121
Clearwater River 154
Con Ed 138
Corps of Engineers 26, 139

Delphine 156, 157
Dioxin 58, 62, 63, 121
Direkte Stimmenwerbung 79
Dritte Seerechtskonferenz 88, 92

Ecotage 35
„Einfach Leben!" 34
Elefant 110
Erste Seerechtskonferenz 93
Etnier, David 125

Finnwal 108
Flohmarkt 78
Franklin, B. 22
Frasier, John 97
Freiheit der Meere 89
Freunde der Erde 18, 19, 21, 54
„der Fuchs" 36, 37

Georges Bank 114, 115, 116
Getränkeindustrie 29
Grand Canyon 148
Graswurzelbewegung 15, 16, 17
Grauwal 108
Grauwolf 110
Grotius, Hugo 89, 91
Grünfunk 11, 15
Guadeloupe-Seehund 110

Harrisburg 117, 118, 152
Haus-zu-Haus-Werbung 79
HCH 59, 60, 61
Hempling, Scott 70
Hill, Joe 64

IJC 99, 100
Internationale Atom-Energiebehörde 103
Internationale Umweltschutzmedaille 42
Internationales Wassertribunal
   in Rotterdam 62

Kernreaktoren 40, 41, 43, 44,
   46, 47, 48, 50, 52, 102
„Klein ist schön" 33
Knut der Große 88
Kompostierung 32
„Kosmos 954" 106

Lake Michigan 71
Love Canal 119, 121
Luchs 110

Mannarino, Julie 130, 134
„Mare Liberum" 89
Maritati, Alberto 111, 112
Massenkommunikationsmittel
   142
McDonalds 154, 155
Meeresboden-Kommission 96
Memorandum als Werbemittel
   131
Mineral King Valley 117
Mushinsky, Mary 64, 65

Nachrichtenproduktion 129, 130
Niagara Falls 118, 119
Nichtverbreitungspakt 103, 104
Nisqually-Indianer 121
Nord-Süd-Konflikt 94
North Haven 65

Öko-Kommandos 38, 39
Ökologik 13, 15

Ökologische Gottesdienste 23
Ölkatastrophe 101
Offenburger Vereinbarung 43
Orang-Utan 110
Otranto 87, 111
Ozonschicht 19

Palila 116, 117
Pardo, Arvid 92, 97
Percina Tanasi 125
Polarbär 110
Postwurfaktionen 79
Potlatch Forests Inc. 153, 154
Pottwal 108
Price-Anderson Act 117
Pseudo-Ereignis 134, 135

Radio Dreyeckland 48
Radio Freies Wendland 49
Radio Verte 48
Recycling 32, 82
Rhein 44
Röhrenwürmer 154, 155
Rothschild, Leo 137, 138
Rundbrief als Werbemittel 130

Saurer Regen 97, 98
Schneckenbarsch 31, 123, 127,
   128
Schneeleopard 110
Schumacher, E. F. 33
Seerechtstribunal 96
Sierra Club 26, 116, 117, 148,
   149
Snohomish River 26, 28
Spendengelder 38, 77
Storm King Mountain 138

Tag der Erde 9, 18, 28
Tanasi 124

Tellico-Damm 31, 87, 123, 126, 127
Tennessee River 124, 125
Tetrachlorethylen 121
Tetraethyl-Blei 111
Tetramethyl-Blei 111
Tombola 78
Trail-Smelter-Entscheidung 98, 99
Trans-Alaska-Pipeline 25
Treaty of Medicine Creek 121
Truman, Harry 90
T-Säure 61, 62, 63

Umweltschutz als Modewelle 10

Umweltschutzprogramm der Vereinten Nationen 86

Vermittlung als juristisches Konzept 26, 27
Volkshochschule Wyhler Wald 49, 50

Wärmebelastungsplan für den Rhein 45
Walfangquoten 108
Walfangtechnologie 109
Weißbücher 56
Wyhl 40–52

Zweite Seerechtskonferenz 93

Weitere Bände dieser Reihe:

Cousteau-Umweltlesebuch 1
Bestandsaufnahme eines Planeten
199 Seiten mit zahlreichen Abbildungen und Karten, kartoniert.
ISBN 3-608-93015-9

Cousteau-Umweltlesebuch 2
Saurer Regen und andere Katastrophen
230 Seiten mit zahlreichen Abbildungen und Karten, kartoniert.
ISBN 3-608-93016-7

Cousteau-Umweltlesebuch 3
. . . und wurde wieder wüst und leer
252 Seiten mit zahlreichen Abbildungen und Karten, kartoniert.
ISBN 3-608-93017-5

Cousteau-Umweltlesebuch 4
Die Reiter der Apokalypse
266 Seiten mit zahlreichen Abbildungen und Karten, kartoniert.
ISBN 3-608-93018-3

Cousteau-Umweltlesebuch 6
Wir müssen leben
207 Seiten mit zahlreichen Abbildungen und Karten, kartoniert.
ISBN 3-608-93020-5

Herausgegeben von JACQUES-YVES COUSTEAU und den Mitarbeitern der *Cousteau-Society*.
Aus dem Amerikanischen übersetzt von Elke Martin.
Für die deutsche Ausgabe bearbeitet von Elke Martin und Hermann Feuersee.